王朝時代の実像3 倉本一宏【監修】

病悩と治療

王朝貴族の実相

瀬戸まゆみ 著

臨川書店

はじめに

人間にとって健康な状態が平常であるとすれば、疾病はまさしく非常事態であるといえる。それは王朝貴族にとっても同様であったはずである。そして、そのような非常事態であればこそ、平常時には見られない緊迫した、かつ生々しい貴族たちの行動形式や独特な人現関係が浮かび上がってくるのではないだろうか。

貴族たちにとって日記を書き綴ることとは、単に私的な内面を書きあらわすことではなく、半ば公的な営みであった。特に身分の高い貴族の疾病治療と生死に関わる動向は、朝廷における人事問題などとも深く関わる問題となり、貴族社会における最大の関心事の一つであったのではないかと推測される。ゆえに貴族たちが日記に自身の病悩について記述したことは、単なる個人的な悩みを超えた、独自の意義と目的があったのではないかと思われるのである。

本書においては、平安貴族の古記録を主な史料として、貴族たちが「病悩」時に現実的な治療と宗教的な治療を通じて、どのような精神状態にあったかについて検討していきたい。疾病治療という特殊な状況において、どのような規律や法則が存在していたのか、加えて、貴族たちの行動特性や心性はどのようなものであったかについても、考察を深めたいと思う。

古記録から王朝貴族たちの疾病、薬、治療などに関する様々な記事を収集・分析していくうちに気付いたことは、当初考えていた以上に、彼らは医療に対する知識が豊富であり、また冷静な態度で合理的に疾病に対応しているという点である。

従来の一般的理解では、平安時代の人々は科学的な意味での医療よりも、病因を悪霊や物怪の仕業と見做して、加持祈祷などの呪術宗教的な方策を前面に掲げて対処したと思われがちである。

だが、実際はそうではなく、当時なりに科学的な意味での投薬や医療にも大いに関心を払って実践していたのであり、疾病に対する対応として呪術一辺倒では決してなかった。そうした既成概念は克服されなければならないであろう。

しかし一方で、王朝貴族たちが加持祈祷に代表される宗教的治療に依存していた面も決して僅少であったわけではなく、それはやはり大きな存在であった。王朝貴族たちにとって、修法や加持祈祷などの呪術的宗教営為が有していた医療的意義を、決して過小に評価すべきではない。

以上の点を踏まえて概括すれば、王朝貴族たちは科学的医療と宗教的治療を時宜に応じて適宜組み合わせたり、選択したりしながら併用していたのである。本書では、その具体的様相を、史料に基づいて明らかにしていきたい。

さて、周知のように、王朝貴族の疾病に関するまとまった先行研究としては、服部敏良氏の『王朝貴族の病状診断』がまず挙げられる(1)。この著書の中で服部氏は、平安貴族が罹ったとされる疾病について、主に文学作品などを基に独自の診断結果を提示されている。王朝貴族の死亡理由や既往症については、服部氏の診断が今日でもなお定説とされている部分が大きい。だが、服部氏が主に依拠された文学作品は、誇張し創作された部分も多く含まれ、客観的な史実の記録を目的としたものではない。よって、客観的史実を記録した古記録から浮かび上がってくる実像とは、かけ離れている姿も出てくると予想される。本書では、服部氏が診断された病状が、古記録に記されている状況と同様であるか否かを改めて確認しつつ、検討を進めていくことにしたい。

王朝貴族の疾病時における対処の様相を明らかにしていくために、以下のような論点と章立構成によって検討を進めていきたいと思う。

まず第一章では、古記録の解読を通して、貴族が服薬に使用した薬と、外的に施した治療という側面から、その周囲の動向や、個人における対応の様相を、検討していくことにしたい。

次に第二章では、服部氏が前述の著書の中で採り上げている疾病について、主に文学作品を使用して病状の診断を行なった部分と、ほぼ事実が記述されている古記録とを比較することによって、真にその病状を示しているのかを再検討していくことにしたい。なお、ここで扱っていく疾病は、風病、寸白、飲水病、もののけ、二禁、眺腫、瘧病、霍乱、腹病、胸病の十種とする。

第三章では、疾病時に関与した僧・陰陽師と医師の職務の区分について考えてみたい。また、現実的な治療法と、さまざまな複数の宗教的治療法を織り交ぜて、彼らはどのように宗教を信仰し援用していたのかを見ていきたい。

現代医療では、物理的病因の根治こそが治療の最大の目的、かつ成果であると見做され、精神のケアについてはどこかに置き去りにされている観がある。物理的・肉体的な面だけでなく、精神的な面も含め、併行して治療を実施しようとした王朝貴族たちは、物質一辺倒に陥りがちな現代人よりも、ある意味では豊かで本質的な生命観を保持した人々であったとはいえないだろうか。いま改めて、貴族の医療がどのように展開されたか、またそのような貴族たちの精神世界はどのようなものであったかについて再評価してみたい。

目次

第一章　王朝貴族の投薬と外的治療

本章では、摂関期の貴族の投薬治療と外的な治療の二つのうち、疾病治療のあり方について検討していきたい。

第一節では、摂関期の貴族が実際に使用した薬を通して、疾病時の治療の様相を探っていく。治療の一環として取り扱われた薬の種類と、その効能を明らかにすることによって、薬の使用状況と実際の薬効とが合致しているのか、或いはそこに個人差等が見受けられるのか、様々な視座で考察していくことにしたい。

貴族たちは、疾病に罹った際、どのように対処するのであろうか。律令制の原則によれば、養老医疾令の規定に則り医師が派遣され、診断、及び治療が行なわれることになっていた(1)。しかし、疾病時に貴族は、医師とは別途に陰陽師たちを召し、卜占や勘申を行なわせたりもしていた。果たして医師と陰陽師には役割の上でいかなる分担があったのであろうか。そのあたりの問題についても言及したい。

次に第二節では、貴族たちが受けた外的な処置による治療について考察していくことにする。貴族は怪我や身体の表面に現われた病因に対して、どのような対処を行なっているだろうか。また、外的治療で使用された薬の種類や、多く利用された治療方法についても検討していきたい。貴族たちの採った治療法をみると、彼らはある程度の医学の知識を持ち、適宜に治療法を選択していたことが考えられる。

その知識水準は、現代の私達が考えるよりも高かったのではないかとも思われる。また頻度の高い治療行為や、その際に使用した薬には、個人差や共通項がみられるのだろうか。それらの点を、古記録をもとに実証していきたい。

なお、本論では『御堂関白記』『小右記』『権記』の三つの古記録を考察の中心史料とするが、これらから直接的に判明する史実は、それぞれの記主、及びその記述範囲に限定されるものである。なにぶん当時の史料は限定されているため、摂関期の貴族社会全体の投薬行為、ならびに治療行為にまで敷衍して説明することには一定の限界が伴うことも認識している。だが、古記録に残された薬の知識やその種類の豊富さ、使用状況などから、貴族が疾病時にいかに薬に期待を寄せていたかが十分に窺われる。また薬の使用法と、誰の処方に基づくものであったかは、貴族たちの知識と社会関係の一端を示すものであると言える。

これらの事例から、王朝貴族にとって薬と外的治療とは、どのような存在であったか、貴族たちの実像を史料から可能な限り明らかにしていきたい。

第一節　王朝貴族の投薬

本節では、病気の際に医師・僧・陰陽師らが貴族に与えた内服薬について考察していく。『御堂関白記』『小右記』『権記』によれば、摂関期の貴族たちは、自身の体調に異変を感じると、医師や陰陽師を呼び寄せ、その病気の理由や程度を診断させている。疾病時に遣わされた医師と陰陽師は、役割の上でいかなる違いがあったのか。また貴族は疾病に対する治療法や解決法を彼らに提案させているが、その対処とはそれぞれ具体的にどのようなものであったか、以下に明らかにしていく。

Ⅰ．医師の処方

貴族たちは、治療方法の一つとして薬の服用を選択している。『御堂関白記』『小右記』『権記』のなかで、自己診断で薬を服用したのを除き、医師等の指示で明確に服用、或いは使用したことを示す史料を抽出したものが、次の表一である。

表一　医師等の指示で貴族が使用した薬

	薬名	和暦年月日	本文	対象者	医師	
1	呵梨勒	永延元年六月十一日	今日、呵梨勒丸を服す。数度、瀉す。已に其の験有り。赤痢、已に止む。典薬頭朝臣、来たりて云はく、「今日、能く瀉せば、明日、服すべからず」てへり。	藤原実資	清原滋秀	小
2	生薑 呵梨勒 牽牛子	正暦四年五月廿四日	昨日、明杲已講、示し送りて云はく、「日来、所労有り。生薑煎・呵梨勒丸等を合薬せしめ、馳せ送るべし」てへり。仍りて生薑煎を作らしめ、今朝、付し廻らし、下し送るなり。呵梨勒丸に至りては、牽牛子無く、作ること能はざる由、典薬頭の許より示し送る。	明杲	清原滋秀	小
3	紅雪	寛弘六年九月九日	此の夜の夢に、故典薬頭滋秀真人、紅雪を予に服さし	藤原行成	清原滋秀	権

	厚朴		む。厚朴の汁に入れて飲む。			
4	紅雪	長和三年三月三日	為信、中将を以て、紅雪を聞し食すべき由を奏せしむ。申す所の事、甚だ多し。具さに記すこと能はず。	三条天皇	清原為信	小
5	紅雪	長和三年三月七日	任円、到来す。為信真人と相会ふ。腹病を治す方を問ふ。「先づ紅雪を服すべし」てへり。	任円	清原為信	小
6	呵梨勒	長和三年三月十六日	資平、云はく、「仰せられて云はく、『近日、左方の目、見えず。鼻、聞かず。時々、此くのごとし。若し療治、験有らば、賞すべき由、為信に仰すべし』てへり。又、『呵梨勒丸を作り奉るべき由、召し仰すべし』てへり」と。	三条天皇	清原為信	小
7	紅雪	長和三年三月十七日	為信、申して云はく、「御目は、肝臓に通ず。御飢、致す所なり。腎臓、又、補はしめ給ふべし。御飢と謂ふ」てへり。若しくは又、御心労か。子細、注さず。夜に入りて、資平、来たりて云はく、「具さに以て奏聞するに、仰せて云はく、『申す所、相合ふ。感ぜしめ給ふなり。御心労の事、然る事なり』てへり。但し紅雪五両一分を下し給ふ。是れ皇后宮、献ぜらるる所なり。為信に見しめ、善悪を申さしむべきなり。又、聞し食すべき日を勘申せしむべし。又、御薬を供する事、為信を以て奉仕せしむべし」てへり。	三条天皇	清原為信	小
8	紅雪	長和三年三月十八日	為信真人を召し、紅雪の善悪を定めしむ。申して云はく、「件の薬、頗る古し。然れども良と為すべし」てへり。「御薬を聞し食す日時、夏の間、吉日無し。先づ道者をして勘文を進らしめ、其の日を承り、案内を奏すべし」てへり。資平を呼び、為信の申す所の趣きを聞かしむ。奏聞せしめんが為なり。紅雪を返し奉る。		清原為信	小

9	紅雪	長和四年二月十九日	主上、紅雪を服さしめ給ふ。御前に候ず。為信・忠明等、御薬を供す。	三条天皇	清原為信 但波忠明	御
10	紅雪	長和四年四月廿七日	頭、来たりて云はく、……又、「晦日、為信真人、申すに依り、紅雪を服し御すべし。吉平を以て占ひ申さしむるに、『優れて吉の由を申す』」てへり。明日、出納を差し、紅雪を広隆寺に遣はし、加持せしむべし」てへり。	三条天皇	清原為信	小
11	紅雪	長和四年四月卅日	為信真人、云はく、「今暁、主上、紅雪を聞し食す。……」てへり。	三条天皇	清原為信	小
12	丹薬 豆汁 大豆 蘇蜜 呵梨勒 葛根 柿	長和五年五月十一日	摂政、命せて云はく、「去ぬる三月より頻りに漿水を飲む。就中、近日、昼夜、多く飲む。口乾き無力なり。但し食、例に減ぜず。医師等、云はく、『熱気か』」てへり。丹薬を服せずと雖も、年来、豆汁・大豆煎・蘇蜜煎・呵梨勒丸等、不断に服す。此の験か。仍りて冷物を服するも、風、未だ発らず。今日より茶を服す」と。客亭に於いて一度、飲む。両三度、簾内に入る。若しくは水を飲み給ふか。命せて云はく、「今日、水を飲むこと、多く減ず。然れども太だ無力なり。読経・念誦せず。熱発るは、無力なるべからず。而るに顔色、憔悴す。身、又、此くのごとし。若しくは猶ほ、極めて病むか」てへり。気色を伺ふに、容顔、頗る疲る。恙気、掲焉。御口、乾くに依りて、杏二顆を持ち、時々、嘗む。又、命せて云はく、「豆汁・葛根等を服し、柿汁を服す。定延法師、云はく、『柿は熱物たれば、服すべからず』」てへり。仍りて服せず」と。	藤原道長	医師 定延	小
13	葛根	長和五年五月十三日	「日来、摂政、葛根久須。を食せらる。薬と為すに依る」と云々。一昨日、云はく、「口乾きて頻りに水を飲む。	藤原道長	医家	小

			医家の申すに依りて、件の葛根を服す。甚だ良し。暫く水を飲まず。亦、気力有り」てへり。世間□、「摂政、葛根を服すること、是れ飢渇の相なり。飢渇の百姓、食物無くんば、葛根を掘りて食と為す。未だ上臈、葛根を食することを聞かず」と。			
14	連銭帖	寛仁二年三月廿日	「修法の間、致信、内供を□」と云々。「尼公の恙、慎しまるべきに似る」てへり。「又、連銭帖を送る」と云々。「件の帖、定延、作る所」と云々。	藤原実資姉	定延	小
15	大豆	寛仁三年八月十九日	阿闍梨祈統、来たりて云はく、「日来、座主の病悩を看、昨日、下る。只今、山に登る。但し、座主、悩む所、軽からず。然れども、時々、食せらる。湯治并びに剃頭等、尋常のごとし。痢、猶ほ止まざれば、日を逐ひて無力たり」てへり。又、辞退の事の子細を示さる。報答し了んぬ。其の後、内供の消息に云はく、「昨・今、弥よ重く発り悩み、辛苦す。大豆煎、色を変へざるを出す。慎しまるべきに似ず。然りと雖も、猶ほ服せらるべきか。又、生乳を服せらるるは如何」てへり。忠明宿禰を呼び遣はし、件の事等を問ふに、申して云はく、「大豆煎・生乳等、能く煎りて服せらるるは、良かるべし。生乳は半分煎りて、服せらるべし」てへり。此の由を申し達し了んぬ。夜に入りて、内供の報状、来たる。猶ほ平気無し。	慶圓	和気相成 但波忠明	小
16	麻子散	治安三年五月二日	今日、麻子散を服す。侍医相成、作りて進る。	藤原実資	和気相成	小
17	雄黄 巴豆 麝香	治安三年十一月四日	左衛門尉式光、左の頬、腫る。相成朝臣、云はく、「殊なること無し」と。忠明宿禰、云はく、「尤も慎しむべし」てへり。去ぬる朔日より此の恙有り。両医、二日見	宮道式光	和気相成 但波忠明	小

	沈香		る。忠明、申すに依りて重治を加ふ。連日、申すに随ひ、雄黄・巴豆・麝香・沈香を遣はす。日々、相成を遣はす。今夜、式光の宅に宿せしむ。今夕、忠明、云はく、「一昨、之を見る。其の後、見ず」てへり。明旦、見るべき由を仰す。			
18	呵梨勒	治安三年十一月十八日	暁更、呵梨勒二十丸を服す。殊に瀉せず。忠明、云はく、「又々、服すべし」てへり。	藤原実資	但波忠明	小
19	雄黄豆汁	長元元年九月廿二日	今日、飲食、多く減ずる例。左股の内、太だ痛し。相成朝臣に問ふに、申して云はく、「寸白か。雄黄を傅せ」と。即ち傅す。「黒大豆汁を飲むべし」てへり。陰陽属為利を以て、占はしむ。申して云はく、「偏へに風病、発動す」てへり。	藤原実資	和気相成	小
20	金液丹	長元四年八月四日	「今朝、金液丹を服せらる。忠明、服せしむ」と云々。	藤原頼宗室	但波忠明	小

※出典――御＝『御堂関白記』、小＝『小右記』、権＝『権記』（以下、同じ）

右の表一から投薬治療に関連したと思われる主な医師は、清原為信・但波忠明・和気相成・和気相法と、名前不詳の医師が一名であった。なかでも、宮内省の典薬寮に属して天皇の医薬を奉った医官である侍医であったのは、和気助成・和気相成・和気相法・但波忠明の四名である（養老医疾令によると、典薬寮の侍医は定員四名）。典薬寮の長官である典薬頭はその後、和気・但波氏の両家が代々世襲していくことになった。そのほか、治療行為を行なった医師としては、清原滋秀・丹波重雅・和気正世等がいる。なお、『続本朝往生伝』[2]に列挙している「天下の一物」では、丹波重雅・和気正世は「医方」とある。

貴族が病気に罹った場合、どのような対処を行なうのかについては、養老医疾令・五位以上病患条24に、次のような規定がある。

凡五位以上疾患者並奏聞。遣レ医為レ療。仍量レ病給レ薬。致仕者亦准レ此。

この規定によれば、五位以上が疾患したならば、いずれも奏聞すること、医師を派遣して治療すること、また、病気を診断して薬を支給すること、致仕の官人もまたこれに準じること、とみえる。一般官人の医療は、五位以上と六位以下で大きな格差があった。五位以上の貴族の場合は、奏聞次第、医師が派遣される。疾病の奏聞は、政務事項に比べてその重要性が低いためか、あるいは緊急を要するためか、奏聞のなかでも簡略な形式である便奏で行なわれることになっていた。つまり口頭で病気に罹った旨を奏上すればよく、医師の診断後、必要であれば薬をも支給された。

しかし平安期に入ると、五位以上の官人は増加したので、全ての五位以上の官人がこのような処置を受けられたとは考え難い。平安期に入ってからは、公卿、若しくは殿上人以上のみに適用されたのではなかろうか。

この際に使用された薬は、同じく養老医疾令・依薬所出収採条21にあるように、典薬寮に備蓄されていたものが使用されたと考えられる。

薬品施。典薬年別支料。依㆓薬所㆑出。申㆓太政官㆒散下。令㆓随㆑時収採㆒。

薬品の備えは典薬寮が毎年、必要量を推計すること、薬の産地に対し、太政官に申請して太政官が諸国へ輸進の指示を出すこと、と明記されている。

薬品の備蓄に関しては、養老医疾令・典薬寮合雑薬条25にも定められており[3]、典薬寮は通常起こり得る疾病を想定し、対処するための常備薬を蓄えていた。

しかし、この薬品を使用できるのは、あくまで五位以上の貴族のみで、下級官人は生活水準も低いうえ、疾病に罹った際には、自力救済か民間医師等に頼るしかなく、公に助けを求めることが出来ないのが実情であったと思われる。

奈良時代の史料ではあるが、下級官人が薬を所属官司から賜与されていたことを推測させる事例が見受けられる。

「天平十一年（七三九）写経司解案」（『正倉院文書』続々修四十六・帙八〈大日本古文書二十四―一一六頁〉）

一　請経師等薬分酒事

右、案机久坐、胸痛脚痺、請以㆓三箇日一度㆒給㆑酒者、

写経司が、所属の経師が机に久しく向かい坐しているため、胸が痛く脚が痺れるので、三日に一度、

酒を支給して欲しいと上級官司（造東大寺司か）に申請している文書である。この史料からは、養老医疾令の五位以上病患条が示すように、六位以下の官人は奏聞をせずに、自分の官司内で薬の支給について完結していたことが窺える。当時、酒は薬の一種と考えられていたが、そのほかの生薬類も高価であったと思われ、前述の通り六位以下の官人の多くは民間で薬を調達していたか、それもままならず、何もできなかったに違いない。

一方、天皇・皇族の所用に供するために、内裏には高稀薬が常備されていたと思われる。そのことを裏付ける記事が『小右記』長和三年（一〇一四）二月十五日条にある。当時、貴重であった薬を舎人等が盗み、十八日条からは、その盗人である小舎人秋成が埋め隠した麝香を掘り起こしたことが分かる。

『小右記』長和三年二月十五日条

夜に入りて、資平、内より罷り出でて云はく、「出納海孝範・御蔵小舎人二人・小舎人四人、御所の麝香・金青并びに納殿の蘇芳・茶垸・雑物等を奸す。金青・蘇芳等、少々、出で来たる。或いは云はく、『今日、出納の従者并びに仕丁、左衛門府に於いて拷訊す』と」と云々。

『小右記』長和三年二月十八日条

中将、内より退出して云はく、「小舎人□秋成、麝香を盗む。其の物、出で来たる。六臍、尿筥に納め、古き東宮に埋む。秋成の申すに依りて、掘り出す。其の遺り、近江国に有り。使の官人、件

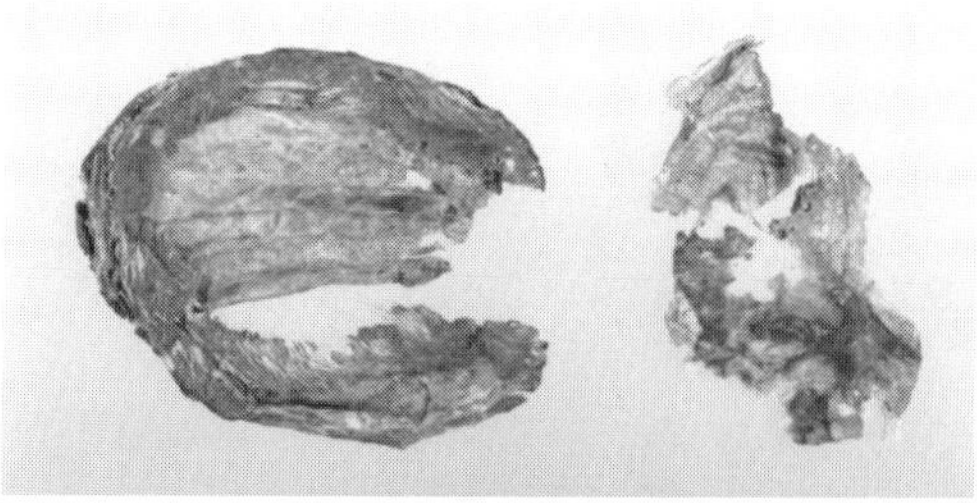

麝香（麝香皮）　正倉院宝物

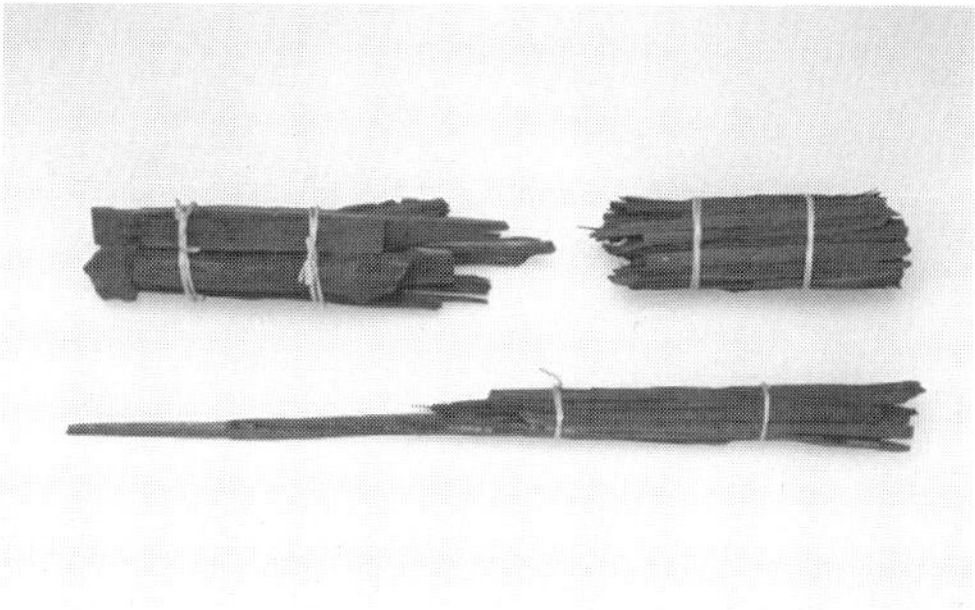

蘇芳　正倉院宝物

ム。を随身し、馳せ向かひ訖んぬ」てへり。

ところで、典薬寮にはまた乳牛院という施設があり、そこでは乳牛の飼育、牛乳の採取が行なわれていた。このような蛋白源は当時、薬の一つとして扱われ、生乳から作られた蘇蜜(4)や乳脯(5)も貴重な薬として利用されていたと考えられるが、これについては後に触れよう。

古記録を紐解くと、藤原実資など身分の高い貴族に対して薬を求めている事例をはじめ(6)、なかには天皇が紅雪を求めた例や(7)、藤原道長が自身で薬を求めている例も見つかった(8)。これらの史料からは、薬の原材料となる生薬類の流通量が絶対的に少なかったために、当時こうした薬品類を入手するには大変な労力と人間関係が必要であったことも推測されるのである。

さて、養老医疾令の規定に則り貴族の許に派遣された医師たちは、典薬寮において決定された者なのか、それとも貴族の側で指名した者なのか。これについては特定ができない。表二は、表一の服薬治療に関わった医師たちの登場回数をまとめたものである。

表二　摂関期の主な医師の古記録への登場回数

	指示した者	登場回数			合計
		『御堂関白記』	『小右記』	『権記』	
1	清原為信	1	7	0	8
2	清原滋秀	0	2	（1）	3
3	但波忠明	1	4	0	5
4	和気相成	0	4	0	4
5	定延	0	2	0	2
6	医師（医家）	0	2	0	2

三つの古記録から、道長、実資、藤原行成に多く関与したと思われる医師は、清原為信・但波忠明・和気相成であることがわかる。道長の許に出入していた者は、投薬治療行為では該当者がいなかったが、それ以外で和気正世が一番多くて三回[9]、実資の許に出入していた者は清原為信・但波忠明・和気相成が多い。『権記』では清原滋秀の記述が一件みられたものの、これは行成の夢想のなかでの登場であるため、実際には関与していないと言える[10]。清原滋秀は実資の記述のみが残る医師であるが、行成の夢想に現れたということは、どこかで接触があったか、当時高名な医師であったと思われる。また『権記』では、外的な治療行為を行なった医師として、和気正世がみえる。

このように貴族の治療に関与したと思われる医師を考えるに際しては、それらの医師たちの活躍年代も考慮に入れるべきである。ただ、現代でも主治医がいるように、派遣される医師側にも、この人物にはこの医師といった、ある程度の定まった傾向があったことも推測される。

派遣された医師は、診断をして必要であれば薬等の投薬治療を指示している。表一から医師が一番多く診断を下した病状は、下痢症状を含む腹痛であった。そして処方した薬で最も多いものは紅雪であった。しかし、これらの史料は、貴族が服用していた薬のなかから、医師が服用を提案した事例のみを抽出したので、当時使用されていた薬の全てというわけではない。また症状によっては継続して長期にわたって服用する薬もあるため、一概に何を多用していたかを比較することは難しい。そのため、特定の人物に特定の薬を投与しているのかについても、明らかにすることは困難であると言える。だが、疾病に罹った場合、医師が診断をして投薬などの何かしらの治療行為を提案し指示していることは明らかである。

Ⅱ．陰陽師の診断

次に、陰陽師の疾病に際する診断について触れていきたい。貴族たちが疾病の際に陰陽師を召し、具体的にどのような施術をさせているかについては、第三章第二節で詳しく扱っていくことにするが、ここでは疾病の際に、彼らがどのような診断を行なったかについて検討してみたい。次の表三の史料から、陰陽師が疾病の際に病名を診断したのは、次の事例のうち五件であった。

表三　陰陽師による病名診断の事例

	和暦年月日	陰陽師	本文	対象者	
1	永延二年七月四日	清明	今夜、晴明朝臣、□の為、鬼気祭を行なふ。未時ばかり、小野宮に向かひ、小児を見る。又、小児を沐浴す。日ごろ頗る悩気有り。仍りて今夜より、済救をして火炉に芥子を打たしむ。	藤原実資小児	小
2	永祚元年正月六日	清明	早朝、摂政の御直廬に参る。命せられて云はく、「主上、頗る悩□の気有り。就中□□□晴明をして御占を奉仕せしむ」と。御膳、誤りて上る事、□□□	一条天皇	小
3	永祚元年五月七日	光栄	寅・卯時ばかりより、頭打ち、身熱し。苦辛、極まり無し。仍りて参ること能はず。光栄・陳泰朝臣等を以て其の咎を占はしむ。事の祟り有り。午後、頗る宜しかるも、猶ほ尋常に非ず。	藤原実資	小
4	長保元年九月十六日	光栄	悩む所、暁より頗る宜し。光栄朝臣を以て占ひ勘ぜしむ。云はく、「求食鬼の致す所なり」てへり。仍りて今夜、鬼気祭を行なはしむ。	藤原実資	小
5	寛弘五年三月廿四日	吉平	此の夕より、法賢君をして不動調伏法を修せしむ。……并びに吉平朝臣をして招魂祭を行なはしむ。並びに女人の病の為なり。又、此の寺に於いて、今日より三个日の間、十口の僧を以て薬師経千巻を転読せしむ。去ぬる冬の産の時の願なり。	藤原行成室	権
6	長和元年六月十四日	光栄	前筑前守永道、左府より来たりて云はく、「今日、発り給はず。光栄、発り給ふべからざる由を占ひ申す」と。資平、院より罷り出でて云はく、「障る由を頭弁に伝へ了んぬ。左府、発り給はざる由、僧侶、申す所。而るに定基、殿より院に参りて云はく、『瘧病と雖も、発らず。御心地、尚ほ悩気有り、苦吟し給ふ。亦、無力の由を命せらる』てへり」と。	藤原道長	小
7	長和二年五月廿日	光栄	宮より御悩重き由有り。仍りて馳せ参る。光栄・吉平等を召し、	敦成親王	御

		吉平	卜申せしむ。重き由を申す。日宜しからずと雖も、亥時を以て仁王経御読経を初む。僧十五口。		
8	長和二年八月廿五日	光栄 吉平	小児の身、猶ほ熱し。但し心性、例のごとし。光栄・吉平等、占ひて云はく、「殊なる祟無し。亦、重きに非ず」てへり占の推条、具さに記さざるのみ。。	藤原実資 小児	小
9	長和三年三月廿四日	光栄	今日、参入せざる事、資平を以て頭弁に触れしむ。心神、宜しからざるなり。夜々、汗、出て、例ならざる故なり。光栄をして占はしむ。占ひて云はく、「北君、土公の竈神の祟りなり」てへり。	藤原実資	小
10	長和三年六月廿八日	光栄 吉平	大宋国の医僧、送る所の薬、其の名を注さず。疑慮、多端。仍りて光栄・吉平等を以て、善悪を占はしむ。不快の由を占ふ。占ひの告げに依り、小児に服せしむるを止む。	藤原実資 小児	小
11	長和四年九月廿八日	吉平	頭中将、云はく、「主上の御目、未だ減気御さず。吉平朝臣、占ひ申して云はく、『旧き御願、未だ果たし奉り給はざるに依り、巽方の大神、祟るか。仍りて宰相を差し、春日に奉らるべし』てへり」と。	三条天皇	小
12	寛仁二年十二月四日	吉平	去ぬる二日より、心神、宜しからず。夜、寝ず。吉平、占ひて云はく、「咳病の余気の上、風病、発動す」てへり。	藤原実資	小
13	寛仁三年八月廿一日	吉平 文高 守道	叡覚、云はく、「内供の消息に云はく、『座主の御病、日を逐いて増す有り。無力、殊に甚し。就中、昨・今、憑む気無きに似る。食せらるること無く、痢、止まず。又々、陰陽師に問はしめ、子細を示し送るべし』てへり」と。占方を書き、師重を以て具さなる趣きを含め、三人の陰陽師の所吉平・文高・守道。に遣はす。各、占ひて云はく、「猶ほ、不快」と。詞に云はく、「慎しまるべきに似る」てへり。占方、叡覚に付して之を送る。	慶円	小
14	治安三年九月十四日	恒盛	去ぬる夕より、頬、腫る。悪血の致す所か。相成朝臣、蓮の葉の湯を用ゐて療治す。又、夢想の告げに依り、支子の汁を傅す。	藤原実資	小

			……恒盛を以て占はしむるに、勘申して云はく、「祟り無し。血気、相剋して、致し奉る所か」てへり。		
15	治安三年十二月廿三日	文高	今夜、文高朝臣を以て、鬼気祭を行なはしむ。占ひに依り、行なふ所なり。	藤原実資小児	小
16	万寿二年八月四日	吉平 恒盛 守道	「昨日の尚侍の産の時の事、恒盛に問ふ。申して云はく、『卯辰若しくは申酉の時、平安かに遂げ給ふか』と。又、男女を問はるるに、男の由を占ひ申す。御祓に奉仕する間、遂げ給ひ了んぬ」てへり。「疋絹を賜はる。昨日より吉平・守道、祇候す。今日、恒盛、河臨の祓を奉仕す。召しに依り参入す」てへり。	藤原彰子	小
17	万寿二年十一月廿八日	恒盛	今暁、小女の左方の人指々、鼠齧りて血出づる。侍医相成申すに依りて甘草を煮て其の汁を傅す。又云はく、「猫の矢を焼く灰を傅すが良し」てへり。甘草、験有り。仍りて猫の矢を傅さず。痛苦平愈す。陰陽師恒成、占ひて云はく、「殊に事無し。若しくは乾・巽の方の神明の祟歟。未だ奉仕せざる依りて驚かす所歟」と。覆推して云はく、「北野歟」てへり。「事の懼れ有るに非ず」てへり。	藤原実資小児	小
18	万寿四年五月二日	恒盛	小瘡未だ愈せず、仍りて蛭喰らう尻・耳。秉燭の後、喰ふ了んぬ。心神、乖違し、已に不覚す。少時くして蘇息す。蛭喰らう所に致すなり。日来、精進す。無力、殊に甚し。良円、下山し、加持せしむ。中将来たりて、恒盛を以て占はしむ。占ひて云はく、「下の咎め有ること無し、自然の事なり」てへり。	藤原実資	小
19	万寿四年五月十九日	恒盛	昨より痢病、発動す。今日、減有り。風病の致す所なり。恒盛、占ひて云はく、「祟り無し、風気なり。」てへり。	藤原実資	小
20	万寿四年十月廿八日	恒盛	昨の戌時ばかり、心神、太だ悩む。通夜、諸に乖る。暁旦に臨み、弥よ苦し。恒盛を以て占はしむ。云はく、「風病の致す所」てへり。朴皮を服す。辰剋ばかりより頗る宜し。又、湯治を加	藤原実資	小

			ふ。		
21	長元元年九月廿二日	為利	今日、飲食、多く例に減ず。左股の内、太だ痛し。相成朝臣に問ふ。申して云はく、「寸白か。雄黄を傅す。即ち傅し、黒大豆汁を飲むべし」てへり。陰陽属為利を以て占はしむ。申して云はく、「偏に風、発動す」てへり。	藤原実資	小
22	長元元年九月廿八日	為利	中将、去ぬる夜、悩み煩ふ。今朝、頗る宜し。陰陽属為俊、占ひて云はく、「風病の上、邪気。竈神、祟を加ふるか」と。	藤原資平	小
23	長元元年九月廿九日	守道 文高	暁更、資房、来たりて云はく、「中将の悩む所、猶ほ未だ減平せず。起居、快からず。飲食、受けず」と。「資房、三井寺に向かひ、誉僧都を迎へんと欲す」てへり。早く迎ふべき由を答ふ。又、云はく、「資房の母尼、悩む所有るに依り、日来、三井寺に住む。同じく迎へ取り、明旦、罷り返るべし。」てへり。守道朝臣を呼び占はしむ。申して云はく、「占の体、軽し。殊なる事無きか」てへり。文高、同じく此の趣を占ふ。明日、河頭祓を行なはしむべし。証照師を招き宿曜・慎み方の事を問ふ。「重き慎み無し」てへり。	藤原資平	小

12　寛仁二年（一〇一八）十二月四日条「咳病の余気の上、風病、発動す」

19　万寿四年（一〇二七）五月十九日条「風気なり」

20　万寿四年十月廿八日条「風病の致す所」

21　長元元年（一〇二八）九月廿二日条「偏に風、発動す」

22　長元元年九月廿八日条「風病の上、邪気」

陰陽師が下した診断結果は、意外なことにすべて風病に関することのみである。風病については、服部敏良氏の『王朝貴族の病状診断』では、次のように述べられている(11)。

風病と称するものが、それぞれの症状、あるいは原因によって区別され、それに一々病名がつけられて、風病から除外されるようになると、あとに残るものは当時の医師達にまったく不可解な病気と考えられていた神経系統の病気や症状の不特定な感冒性疾患であり、これらが一応風病として残されることになった。

つまり、症状から病名が判断できるものを除いていき、病名がはっきりしないものについて、風病として判断していることになる。陰陽師が病状を判断した風病という病気は、非常に曖昧で抽象的なものと言えるのであるが、また一方では、陰陽師が病名を判断するのは、風病といった曖昧なものに限られたのである。

そして史料を見る限り、陰陽師は薬の処方や投薬行為を行なっていない。ただし、注意を要する事例として次の二つの史料が挙げられる。表三の14治安三年（一〇二三）九月十四日条で診断後に蓮葉による治療が行なわれている事例と、20万寿四年十月廿八日条で朴皮を服している事例である。但し、後者は陰陽師による指示かどうかは明確ではない。共に実資の病に関する記事であるが、陰陽師の診断後、医学知識の豊富な実資自身による治療行為の選択であるとも考えられる。実資が医学知識を豊富に持っていたことは、次項で確認していくことにする。

また、古記録を解読すると、陰陽師は疾病に対して、医学的な意味での診断は下さず、疾病に邪気や祟りの影響が含まれているかどうかについて診断を行なっていたことが分かった。そして、その診断で祟りが含まれると思われる場合にのみ、祭儀や解除（祓）などを施術として行なっている。逆に祟りがないと思われる場合は、すべて「風病」と回答している。これはつまり、風病には通常、邪気が含まれないということである。また「風病なり」という回答は、陰陽師の診断における回答の一定型と言い得るのではなかろうか。陰陽師にとって、邪気が含まれない場合の疾病が「風病」であり、逆に邪気が含まれると診断した場合にのみ、呪術的な施術を行なうのである。

陰陽師が医師のような医学的な意味での治療を行なわない理由としては、養老医疾令・按摩呪禁生学習条14の存在がその理由の一つとして想起される。

按摩生。学二按摩傷折方及刺縛之法一。呪禁生。学二呪禁解忤持禁之法一。皆限二三年一成。其業成之日。並申二送太政官一。

本条によれば、按摩生は、按摩、傷折の治療法、及び刺縛の技術を学ぶこと、呪禁生は、呪禁して邪気を払い病災を防ぐ方術を学ぶこと、皆三年を期限として成業させること、成業したならば、いずれも太政官に申送すること、とみえる。律令に規定された本来の典薬寮には、呪文等によって悪鬼・病疾を払う呪禁師と呼ばれた医官職があった。この呪禁師（養老医疾令によると定員二名）を筆頭に、職員である呪禁博士（同じく定員一名）、呪禁学生（同じく定員六名）も置かれた。しかし、これらの官はその後、陰陽師に職掌を奪われて消滅することとなる。この職掌が陰陽師に移譲されたことにより、これこそが疾病時における陰陽師の為すべき職務となったのではなかろうか。なお、『律令』[12]の補注には、「呪禁とは杖刀を持ち呪文を唱えて一定の作法を行ない、病災を防ぎ除く道教系統の方術」とある。呪禁道は医術の一種であったとされていることから、陰陽師の為す行為も広い意味での治療行為の一環とは言えるものの、結論として、陰陽師は薬の処方や投薬行為といった、現代でいうところの医学的見地からの治療行為には関わっていなかったと考えられる。

Ⅲ．薬の効能

一口に薬といっても、生薬や動物に由来するものまで多岐にわたっているが、まずはじめに、現代では薬には分類されないであろう食品について、簡単に触れておきたい。

古記録には、おそらく患者に滋養を付けさせるために用いたと思われる食品が数点出てくるが、当時は薬の一部として認識されていたのであろう。貴族たちは、卵をはじめとして魚肉・生乳・韮[13]・梨[14]・甘葛煎[15]といったものを薬として服用していた。特に魚肉については、仏教戒律の筆頭にあげられる不殺生戒の思想から、仏教を信仰した貴族たちは、通念上では不殺生を受け入れて魚肉を積極的に嗜好しなかったと思われるが、疾病の際には、非常事態として滋養強壮と体力回復のために食されたようである。

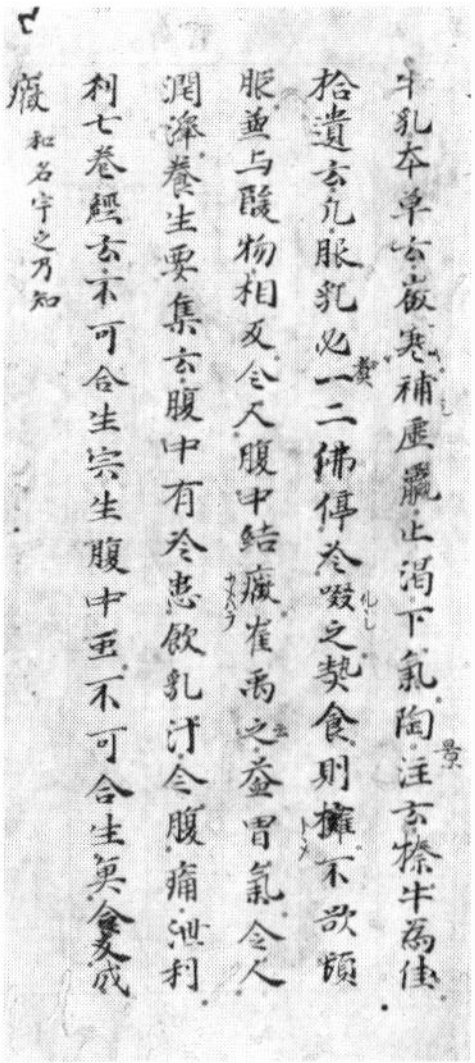

『医心方』　巻三十　證類部（部分）「乳を服するには必ず煮る事一、二沸。火を止めて冷却して之を飲む」
東京国立博物館　Image : TNM Image Archives

また、生乳に関しては、永観二年（九八四）、丹波康頼が撰述した現存最古の医書『医心方[16]』に、「乳を服するには必ず煮る事一、二沸。火を止めて冷却して之を飲む」とある。

この処方に即して、大豆煎、及び生乳の服用について、医師但波忠明の所見を伺う記事が『小右記』にある。

『小右記』寛仁三年（一〇一九）八月十九日条

阿闍梨祈統、来たりて云はく、「日来、座主の病悩を看、昨日、下る。只今、山に登る。但し、座主、悩む所、軽からず。然れども、時々、食せらる。湯治并びに剃頭等、尋常のごとし。痢、猶ほ止まざれば、日を逐ひて無力たり」てへり。又、辞退の事の子細を示さる。報答し了んぬ。其の後、内供の消息に云はく、「昨・今、弥よ重く発り悩み、辛苦す。大豆煎、色を変へざるを出す。慎しまるべきに似ず。然りと雖も、猶ほ服せらるべきか。又、生乳を服せらるるは如何」てへり。忠明宿禰を呼び遣はし、件の事等を問ふに、申して云はく、「大豆煎・生乳等、能く煎りて服せらるるは、良かるべし。生乳は半分煎りて、服せらるべし」てへり。此の由を申し達し了んぬ。夜に入り

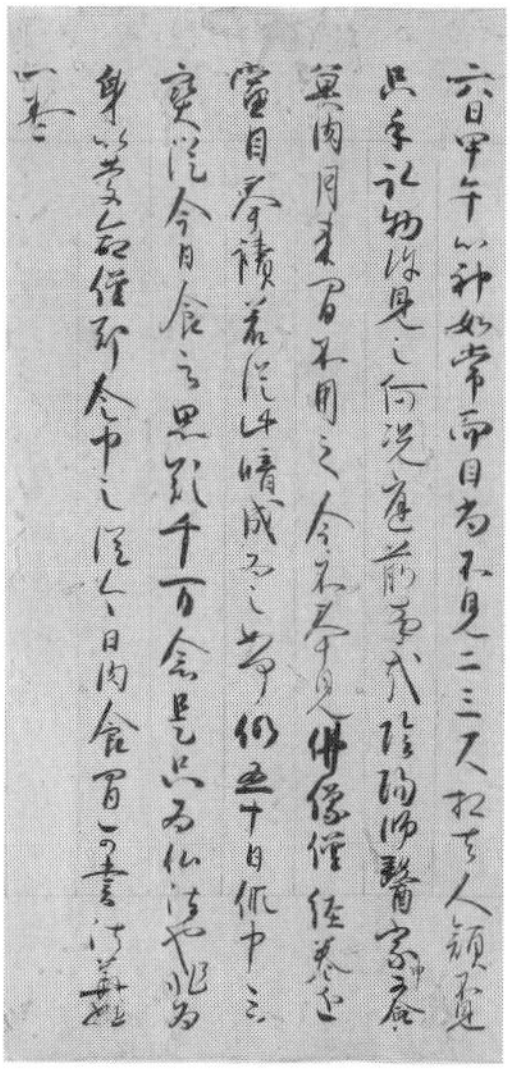

『御堂関白記』（古写本）寛仁三年（1019）二月六日条　病のために道長が禁忌とされた魚肉を食す　陽明文庫蔵　倉本一宏撮影

て、内供の報状、来たる。猶ほ平気無し。

これによると、慶円の罹病に際して、但波忠明は生乳を半分沸かして飲むと良いと申してきたとある。当時の生乳は殺菌されていなかったはずであり、生で飲むのは危険であったと思われる。『医心方』が著述された段階で、経験的に沸かして飲む認識があったのであろう。

生乳に含まれる蛋白質は、生命を維持するために不可欠な栄養素での一つである。蛋白質の摂取不足から体力の低下、抵抗力の減少が起こり、病気に罹りやすく治り難いという悪循環が生じてくる。疾病の際に、社会的禁忌を犯してまで各種の食物を食したのは、生命存続に関わる危機に瀕した局面での、健康回復を目的とした、やむを得ない選択であったのであろう。『御堂関白記』寛仁三年二月六日条では、病のために道長が禁忌とされた魚肉を食す記事があり、道長は、禁忌に違犯する代わりに毎日法華経を書写せよとの慶命僧都の命通りに実践している。貴族にとって、禁忌を犯さず厳格な生活を送ることが、いかに彼らにとって重要な所業であったかがみてとれよう。

それでは貴族が疾病時に服用した、様々な薬の実情について検討していくことにしよう。次の表四は、

『御堂関白記』『小右記』『権記』に記された薬の事例を合計したものである。なお、（　）のものは、夢想などに登場するため、実際に使用されたか判断のつかないものである。

表四　古記録に記された薬

	薬名	回数	『御堂関白記』	『小右記』	『権記』
1	甘草	1	0	1	0
2	芥子	14	0	5	9
3	積雪草（連銭帖）	2	0	2	0
4	大黄	1	0	1	0
5	豆汁（大豆）	4	0	4	0
6	韮	4	1	3	0
7	紫草	2	0	2	0
8	麻子散	1	0	1	0
9	柿	3	0	1	2
10	呵梨勒	24	3	21	0
11	甘松	4	1	3	0
12	桑	1	0	1	0
13	柘榴（石榴）	7	0	6	1
14	支子	4	0	4	0
15	沈香	4	1	3	1
16	地菘	2	0	2	0
17	丁子	9	3	6	0
18	梨	1	0	1	0
19	棗	7	0	7	0
20	蓮	8	1	7	0
21	巴豆	3	0	3	0
22	檳榔子	9	0	8	1
23	朴	3	0	2	（1）
24	桃	5	0	5	0
25	揚	1	1	0	0
26	柳	3	0	3	0
27	雄黄	9	1	8	0
28	金液丹	2	0	2	0
29	丹薬	2	0	2	0
30	牛矢	1	1	0	0
31	鷹矢	2	0	2	0
32	猫矢	1	0	1	0
33	麝香	7	1	6	0
34	紅雪	14	4	9	（1）
35	蘇蜜	5	0	5	0
36	薏苡湯	1	0	1	0

積雪草（連銭帖）［上］熊本大学薬学部薬草園植物データベース　［下］養命酒製造株式会社「生薬百選（2009年２月号）」

麻子散（麻子仁）　国立研究開発法人医薬基盤・健康・栄養研究所　薬用植物資源研究センター薬用植物総合情報データベース

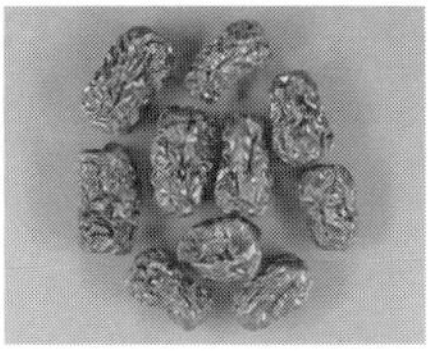

棗　養命酒製造株式会社「生薬ものしり事典（2016年２月号）」

薏苡湯（薏苡仁）　養命酒製造株式会社「生薬百選（2007年５月号）」

表四から、貴族たちが樹木に由来する成分を、主に薬として使用していたことがわかる。この薬の種類を踏まえて、まずは貴族たちが薬についての知識を自ら持っていた状況を示す事例についてみてみたい。古記録に記述されているものだけでも、摂関期の貴族たちが使用していたと思われる薬は三十種類以上もある。

貴族たちは、この多種の薬を症状毎に医師の判断の許、或いは自身の判断によって使い分けていたと考えられる。さらには、複数の生薬類を混合させることによって効能が一層増すと考えて、様々な生薬を混合しているような事例も見受けられる。では貴族が実際に薬を試用している史料をみてみよう。

①『小右記』長和二年（一〇一三）五月九日条

資平、内より退出して云はく、「陪膳の次いでに仰せられて云はく、『大将の頬、腫れ煩ふ由、只今、聞し食す。先日、左大臣、語る次いでに云はく、「故院、頬、腫れ悩み給ふ時、檳榔子と大黄と交ぜ磨り、傅し給ふに、験有り」てへり。檳榔子無くんば、給ひ遣はさん』てへり。……」と。

②『小右記』正暦四年（九九三）五月廿四日条

昨日、明杲已講、示し送りて云はく、「日来、所労有り。生薑煎・呵梨勒丸等を合薬せしめ、馳せ送るべし」てへり。仍りて生薑煎を作らしめ、今朝、付し廻らし、下し送るなり。呵梨勒丸に至りては、牽牛子[17]無く、作ること能はざる由、典薬頭の許より示し送る。

右の二つの史料は、薬を二種類以上混合した例である。①では、檳榔子と大黄を混合している。これは三条天皇が実資の頬の腫について、故一条天皇が檳榔子と大黄を混ぜて付したところ効能があったので、実資が檳榔子を所持していないのであれば下賜する、という記事である。檳榔子は、道長をはじめ

大黄　[左] 国立研究開発法人医薬基盤・健康・栄養研究所　薬用植物資源研究センター薬用植物総合情報データベース、[右] 正倉院宝物

行成や実資自身が使用した記述は無く、肥前や薩摩からの進物としての記事が残るのみである。これは檳榔子が当時手に入りにくい貴重薬であったことを示す。二種とも主な産地は中国であり、檳榔子は胃炎に多く用いられ、大黄は主に腸蠕動を活発にして排便を促し、消化不良や熱毒を瀉し出す清熱作用の効能を持つ。頬腫とは、現代の医学書には同様の名称の疾病が所見せず詳細は不明であるが、頬が腫れるのであるから、脂肪瘤だったのかもしれない。

三つの古記録中、頬腫の記述は六件みられるが[18]、寸白が原因とされたのは二件、原因不明で治療行為のみ記されたものが二件あった。この①五月九日条では、頬の腫の治療薬として檳榔子が使用されているが、瀉下薬を患部に付すことによって腫れを引く効能があるのかどうかは、まったく不明である。なお、この処置が有効であったかどうかについても、『小右記』には記述がない。

続いて、②の薑は「はじかみ」或いは「きょう」と読み、生姜の別名である。漢方で生姜は発汗・解毒・健胃薬とされており、煎じて加熱することによって発汗解表作用が強く表れる。一方、呵梨勒の薬効は消化不良や鎮咳である。二種とも古来より日常的に使用されてきた大衆生薬であり、生姜で体を温めつつ胃の調子を整えたと考えられる。以上の二事例から、貴族が薬を混合させて効果を増加させるという認識を持っていたと言えよう。

次に服薬に失敗した事例をみていきたい。疾病時に薬を使用することは、当然その疾病を治癒することが目的であるが、次の『小右記』の記事では、服薬に失敗し、症状が悪化している状況が読み取れる。

『小右記』寛仁二年五月七日条

「今朝、呵梨勒丸を服し給ひ、悩み給ふ」と云々。左大将教通。を以て、消息せられて云はく、「呵梨勒丸を服し、心地、乖乱す。相逢ふこと能はず」てへり。

これは道長が呵梨勒を服用後、気分が悪くなったという記事である。『御堂関白記』には五月一日から八日までほとんど記述がない。当日七日の記述もないが、これは道長が体調不良のため、記述できなかったとみるべきであろう。近々で体調に関する記事があるのは四月廿九日の「胸を悩む」であった。五月七日以前に呵梨勒を服したと記述が残るのは全部で三件所見し(19)、道長自身が以前に服用したことがある薬と認められる。よって呵梨勒の効能は十分把握していたと考えられる。薬は一回服用しただけでは効果が表れないものもあるうえ、症状が重く末期症状の場合には、薬の服用では回復が望めない場合もあるだろう。簡単に断定はできないが、医師の診断違いか、投薬量の誤りにより服薬が効を奏さなかったと考えられよう。

また、貴族たちは薬に対して、それが持つ薬効以上の効力を増すために加持を行なっている事例も見受けられる。これは物理的な薬効に、精神的な付加価値を付与しようとしたと評価することができよう。

『小右記』長和四年（一〇一五）四月廿七日条
又、「晦日、為信真人、申すに依り、紅雪を服し御すべし。吉平を以て占ひ申さしむるに、『優れて吉の由を申す』てへり。明日、出納を差し、紅雪を広隆寺に遣はし、加持せしむべし」てへり。

『小右記』長和四年四月廿八日条
早朝、資平、来たりて云はく、「今日、紅雪を広隆寺に遣はし、加持せしむ。其の使、出納」と。余、云はく、「所衆、宜しきか」と。然れども左府の命なり。彼に従ふべき由、相含め了んぬ。

紅雪に加持という付加価値を付与させることによって、その効験を増そうとした記事である。紅雪とは、『医心方』によると、水や酒に溶かして服用し、一切の丹石や発熱、脚気、風毒、顔や目のむくみ、熱風衝上、消化不良、嘔吐、胸腹部に脹満等に効能を持つとあり、万能薬のごとく使用された薬であったと考えられる。史料では、加持による効能を半ば認めつつも、念のために陰陽師である安倍吉平に占わせ、「優吉」という診断が出たことで広隆寺にて加持させている。貴族の慎重さと篤信さについて窺える記事である。貴族たちはただ漫然と、そして従容と受動的に疾病に対峙していたのではなく、できうる限り能動的に対処していた姿が浮かび上がってくるといえよう。

では最後に、薬の持つ限界について考えてみたい。

『小右記』万寿四年十一月廿一日条

式光、云はく、「禅室、弥よ以て無力。痢病、数無し。飲食、已に絶ゆ」と。夜に入りて、中将、禅門より来たりて云はく、「時に従ひ、弥よ危急。無力、殊に甚し。痢病、度無し。亦、背の腫物、発動す。医療を受けず。左右、多く危し。……」と。

これは道長危篤の記事である。道長は身体に力が入らず痢病も多く、飲食もままならなくなっていた。さらに、背の腫物は既に手の施しようがない状態になっており、医療では為す術もない状態であると冷静に状況を把握されている。これにより貴族の医学知識が、生死の予測を判断できる程度のものであったこと、医療の限界を彼らが認識していたことがわかる。また、次の史料は医師による医療の終焉を示す記事である。

『小右記』万寿二年（一〇二五）八月廿八日条

侍従経任、大納言の許より来たりて云はく、「去ぬる夜の丑時、産む。幾くならず児、死す。即ち産婦の母、已に種々の大願を立つ。父大納言、誓ひて云はく、『一生の間、魚鳥を食せず』と。亦、母、尼と為る。此の間、蘇生す。日来、赤斑瘡を煩ひ、飲食を受けず。痢病、発動し、今に休まず。産後の無力、尤も甚し。存し難かるべきに似る。侍医忠明宿禰、云はく、『医療、術無し。仏神に祈り申すべし』てへり」と。

藤原長家の室に対し、医師である但波忠明が医療による救済は適わず、後は仏神に祈るしかないという発言をしている。これは医師が患者を見放したという意味ではなく、医師として可能な治療の役割は終えて、後の時間を、いかに往生すべきかを患者とその周囲に考えよと提案した、という意味であろう。そしてそれは医師から僧へ役割が移行することを意味する。

以上、検討してきた様々な事例により、貴族の薬に対する興味深い認識や意識が浮かび上がってきた。随所で触れた以外にもいくつかの論点を補っておくならば、まず医師による処方がある程度一定していることからは、当時の医学知識と教育の水準が決して低いものではなかったと考えられる。

また貴族たちは特定の疾病の際に、特定の治療薬を選択して服用している。薬の入手は当時困難であったと思われるが、治療に用いられた薬は実に多種であったにも関わらず、公卿は各地からの進上などをはじめ、様々なルートから薬を幅広く入手していることは注目される[20]。

そして何よりも、医学知識が貴族層の共通理解として幅広く浸透していたことは、彼らが疾病の恐怖に慄き迷信深く加持祈祷ばかりしていたという従来の固定観念を克服する上で、重要な視点であるといえよう。

なお、複数薬による外的処置としての治療法については、次節で扱うことにする。

Ⅳ．薬の使用実態

摂関期の貴族が医師から処方された薬、及び個人レベルで服用していた薬のなかで、古記録にみえる主なものは、次の表五に示す通りである。

表五　古記録にみえる主な薬

分類	薬名
植物（草花）	甘草(21)・芥子(22)・積雪草(23)（連銭帖）・大黄(24)・大豆(25)・韮・紫草(26)・薏苡湯(27)
植物（樹木）	麻子散(28)・呵梨勒・甘松(29)・桑(30)・石榴(31)（柘榴）・支子(32)・沈香(33)・菘(34)・丁子(35)・棗(36)・蓮(37)・巴豆(38)・檳榔子・朴(39)・桃(40)・楊(41)・柳(42)
鉱物類	雄黄・金液丹(43)・丹薬(44)
動物	牛矢(45)・鷹矢(46)・猫矢(47)・麝香(48)
その他	紅雪・蘇蜜

右に掲出した薬が当時使用された薬の全てでないと思われるが、これらの薬のなかで当時特に多く服

用されていた呵梨勒、檳榔子、雄黄の三種の薬に着目して、それらの効能と使途が現代医学における使用方法と比較して合致しているかどうかを、医書をもとに確認してみたい。

1．呵梨勒

呵梨勒は、当時最も多く服用されていた薬の一つである。呵梨勒はインドなどに産するシクンシ科の高木で、その果実を風邪・便通などの薬に使用する。また訶子ともいう。三つの古記録のなかで呵梨勒が使用されている事例は二十七件であり、使用された状況は、「風病」二件、「赤痢」二件、「瀉」十一件であった。「風病」は先に述べた通りであるが、感冒性疾患のことも意味する場合もある。「赤痢」は高熱を発するほか、連続的に便意を催し、時には血便が起こる消化器系伝染病を指す。「瀉」も下痢の状態を意味し、「三・四度」或いは「頻瀉」という古記録の表現からも分かるように、連続して発生している様子が窺える。呵梨勒の用途は風邪・便通であるので、現代医学の見地からも効能と用途が一致していることが確認された。ただし呵梨勒は、大量投与により頭痛・悪心・嘔吐・四肢弛緩等の症状を示す。実資が連続して呵梨勒を服用している史料があるが、服用した翌日以降、体調が好転しなかったのは、適量を超えた大量投与が原因であるかもしれない。

呵梨勒　正倉院宝物

では、実資の投薬量と薬の処方の規則性について、次表をみてもらいたい。

表六　藤原実資の呵梨勒の服用回数

		和暦年月日	本文	服用数	合計
①	1	治安三年七月四日	暁更、呵梨勒丸を服す六十。時々、瀉す。□後、猶ほ瀉す。	六十丸	百二十丸
	2	治安三年七月十七日	暁更、呵梨勒三十丸を服す。頗る瀉す。	三十丸	
	3	治安三年七月廿五日	暁更、呵梨勒を服す三十丸。	三十丸	
②	1	治安三年八月十日	暁更、呵梨勒丸を服す三十。	三十丸	五十丸
	2	治安三年八月十二日	暁更、呵梨勒丸を服す二十。瀉せず。	二十丸	
③	1	治安三年十一月十六日	暁更、呵梨勒二十丸を服す。日来、腹中、擁結す。頗る瀉す後、夜に臨み、腹中、解散する気有り。	二十丸	百八十丸
	2	治安三年十一月十七日	五更、呵梨勒三十丸を服す。昨日、不快にして瀉す。仍りて今十丸を加へ服す。而るに殊に瀉せず。若しくは風気、相刻するか。	三十丸＋十丸	
	3	治安三年十一月十八日	暁更、呵梨勒二十丸を服す。殊に瀉せず。忠明、云はく、「又々、服すべし」てへり。	二十丸	
	4	治安三年十一月十九日	暁更、呵梨勒二十丸を服す。今日の臨時祭、風病、重く発るに依り、参入せず。	二十丸	
	5	治安三年十一月廿日	暁更、呵梨勒丸三十を服す。	三十丸	
	6	治安三年十一月廿二日	呵梨勒丸を服す二十。殊に瀉せず。	二十丸	
	7	治安三年十一月廿三日	呵梨勒丸三十丸を服す。	三十丸	

この表は、実資が自身の痢病[49]の際に、連続して呵梨勒を服用した史料を一覧にしたものである。実資

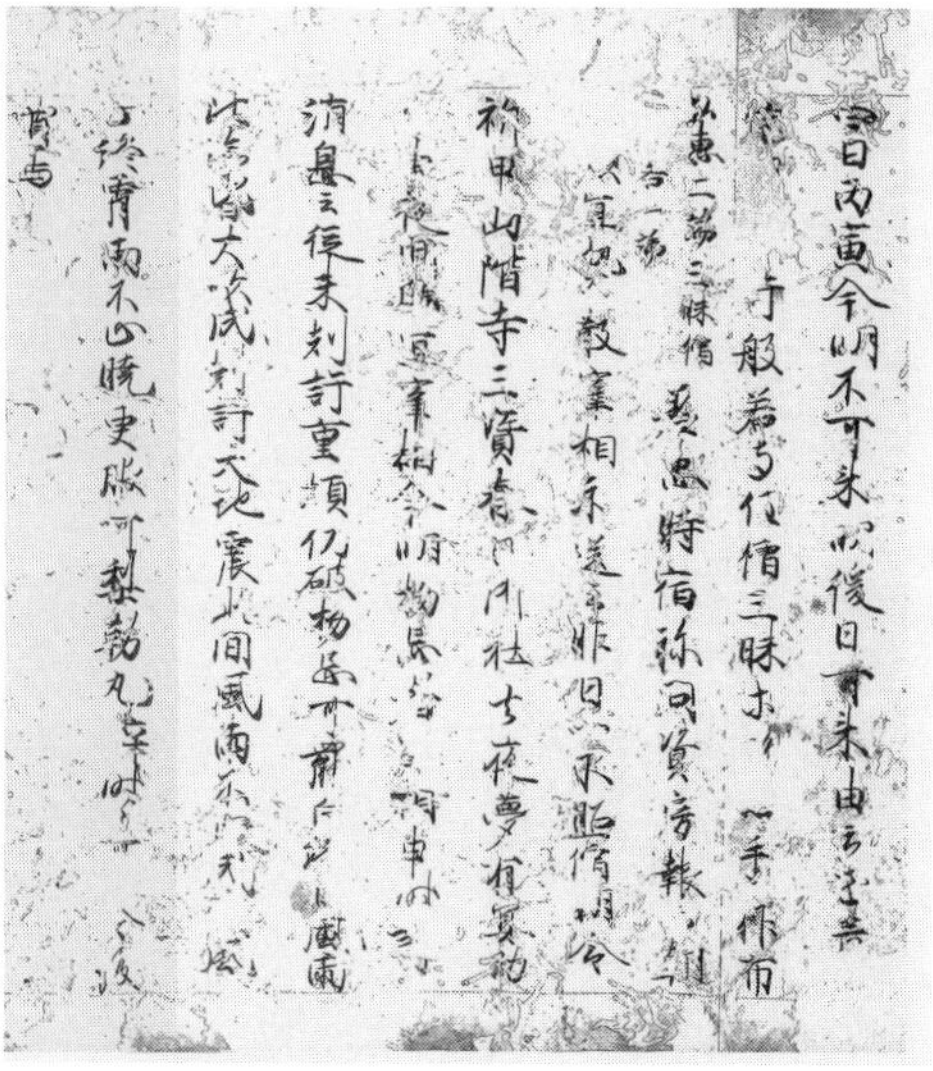

『小右記』（伏見宮本）　治安三年（1023）七月四日条
呵梨勒丸　宮内庁書陵部蔵

が呵梨勒を断続的かつ大量に服用していることが史料から窺えるが、現代医学の観点では、通常一日の呵梨勒の服薬量は煎剤で一グラム前後が適量、粉末でも最大量一グラムまでであるらしい。当時の一丸がどの程度の量、及び質であったか不明であるので簡単に断言できないが、たとえ当時の薬が非常に粗悪なものであったとしても、実資は最低でも一回二十丸を服用しており、これは適量をはるかに超えていた可能性が高いのではないだろうか。実資が呵梨勒を服用した初見記事は、『小右記』永延元年（九八七）六月十日条であるが、[50] この際にも三十丸を服用している。呵梨勒服用の初見である永延元年から治安三年までの約三十年間、呵梨勒は定期的に疾病時に服用を重ねてきた常習薬と言える。だが、特にこの右の①〜③の三つの事例は、服用の回数も多く連続性もあり、実資にとっても稀有な例であったと考えられる。

『小右記』の細緻を極めた筆致を見る限り、実資は常に冷静沈着で慎重な性格の人物であったと推測される。にもかかわらず、この痢病の際、特に③の十一月のケースにいたっては、病的な服用量であり、常軌を逸したような状況ではないかと想像される。

実資一個人に限らず、貴族たちは薬の適量を知らない、もしくは適量という観念自体を持ち合わせていなかったのであろうか。③3治安三年十一月十八日条では、医師である但波忠明も「又々服すべし」と述べ、その服用量については何も言及してない。当時の医師をはじめ貴族たちには、薬の効能に関する知識は有していたものの、それをどの程度服用すべきであるか、用量に関する知識は欠如していたのであろうか。また、右の事例で言えば、この数ヶ月に及んで再発を繰り返す痢病の症状を前に、実資は冷静な判断力を損なうほどの精神的限界と症状悪化の恐怖心を感じ、その恐怖感と疾病から逃れたい一心で、適量をはるかに超える服用を重ねたのであろうか。摂関期の医師は病状診察と薬の処方はできても、患者の心の内面に蔓延する恐怖心までは、診察しケアすることが出来なかったのかもしれない。医師の手による治療行為も受けてはいたが、なかなか快方に向かわない病状の不安と焦燥感が、時に陰陽師を召して怨霊の介在の当否を占わせ、また時に僧たちによる加持祈祷へと貴族を走らせたということもできるであろう。

ところで、痢病が続けて起きた右表の事例では、どの事例でも服用した時間帯が一定である。暁更は夜明け時を指し、五更は季節によって多少変わるが、おおよそ午前三時から六時を指す。呵梨勒は起き抜けに服用する薬として認識されていたか、実資自身が決まった時間に服用するという慣習を持ち合わせていたため、このような一定の時間帯に服用する形式に至ったと考えられる。

一方、『御堂関白記』には呵梨勒服用の事例が三件みつかった。(51) しかし何丸服用したかについては記述がなく用量は不明である。だが、実資が回復して瀉さなくなった折にも、万全を期して暫く服用し続けていることなどから、完治するまで呵梨勒はある程度継続して服用されたと推察される。貴族たちは症状毎に投薬方法を選択し、服用時間なども考慮していたとみられる。なお、『権記』には服薬に関する記事自体がない。

そもそも古記録とは、子孫に政務や儀式の先例等を伝承するために記されたものであり、疾病や薬の服用を記すことは必ずしも必然的なことではないので、そういった記事の多寡には個人差が生ずると言える。だが、過去に同様の疾病に陥った際に、どのような薬を服用し、どのような予後を送ったかについての記述が残っていることは、将来同じような病気に罹った際に、大いに参考に成り得るものであったことは言うまでもない。こうした政務儀式に直接関わらない事柄を、日記に記すか否かということは、記主の個性を物語るものではあるが、やはり貴族たちが日記を記録する上での、重要な要素の一つであったと捉えることができるであろう。

2. 檳榔子

檳榔子はヤシ科の檳榔樹の種子で、薬効は消化不全・条虫駆除等であり、激しい嘔吐、熱証の咳嗽にも用いられる。中国やタイが主な産地であり、煎剤はミミズやヒルなどに対して殺虫作用がある。

三つの古記録のなかで檳榔子が記述されているのは『小右記』のみであり、(52) 服用されたのは寸白の治療目的のみである。寸白とは条虫・回虫等の寄生虫のことであり、檳榔子がこの寸白の駆除に使用され

檳榔子　武田薬品京都薬用植物園 写真提供

ていたのは、現代医学の見地からの薬効とも合致している。また、他の古記録に記述がみられないということは、道長や行成が寸白に罹らなかったため使用されず、その結果、日記に記述されなかったとも考えられるが、実際は服用していても日記には記録しなかったという可能性もあろう。ただ、実資が寸白を患ったことが『小右記』に特記されていることは、彼自身が寸白に罹りやすい体質であったということを示しているのかもしれない。この寸白は寄生虫が原因であるため、主に経口侵入が感染経路であると考えられ、実資の食生活とも関係が浅からぬ問題である。

さて、『小右記』で檳榔子を薬として服用した例は四件、頬や五体が腫れた状態に対して使用された例は二件、寸白に使用された例は一件であった。頬や五体が腫れた状態は全身のむくみ（浮腫）と同種であるか詳細は不明である。檳榔子は当時万能薬として扱われていたこともあり、服用されたのであろうか。

ところで、檳榔子は進物された史料が多く残る[53]。なかでも『小右記』万寿四年十二月八日条では肥前守惟宗から、『小右記』長元二年（一〇二九）三月二日条では薩摩守文任から進上されており、熱帯性の檳榔子が肥前や薩摩といった九州地方に植生分布していたことを裏付ける。またこの進上の史料より、雄黄・緑青とならんで、多くの薬類が取引されていたことがわかる。薬類が取引の重要品目であったことは、当時、薬が貴族たちにとって貴重な品物であり、その薬を手元に所持できることが貴族にとって、どれだけの社会的地位と人脈が備わっていたかを示す証でもあったといえよう。

3. 雄黄

硫化砒素からなる鉱物で石黄ともいう。化膿性球菌、病原性大腸菌、結核菌、皮膚真菌に対して抑制作用があるとされる。古記録に所見した六件のうち、半分が寸白の療治に服用されたものであった。寸白とは前述の通り寄生虫による病を意味するが、この疾病に対して各種菌類に効能がある雄黄が使用されたのには関連性があるのだろうか。

雄黄（石黄）　正倉院宝物

正倉院に残る、「天平勝宝八歳（七五六）六月廿一日東大寺献物帳」のうち、「種々薬帳」にみえるおおよそ六十種の薬は、七五四年に鑑真が来日した際に将来したとされる。この献物帳に記載されている薬物を「帳内薬物」、後世に追加されたものを「帳外薬物」と呼んでいる。

鳥越泰義氏によると、六十種の「帳内薬物」を分類すると、次のようになるという(54)。

雄黄は「帳外薬物」に分類され、紅雪同様、道

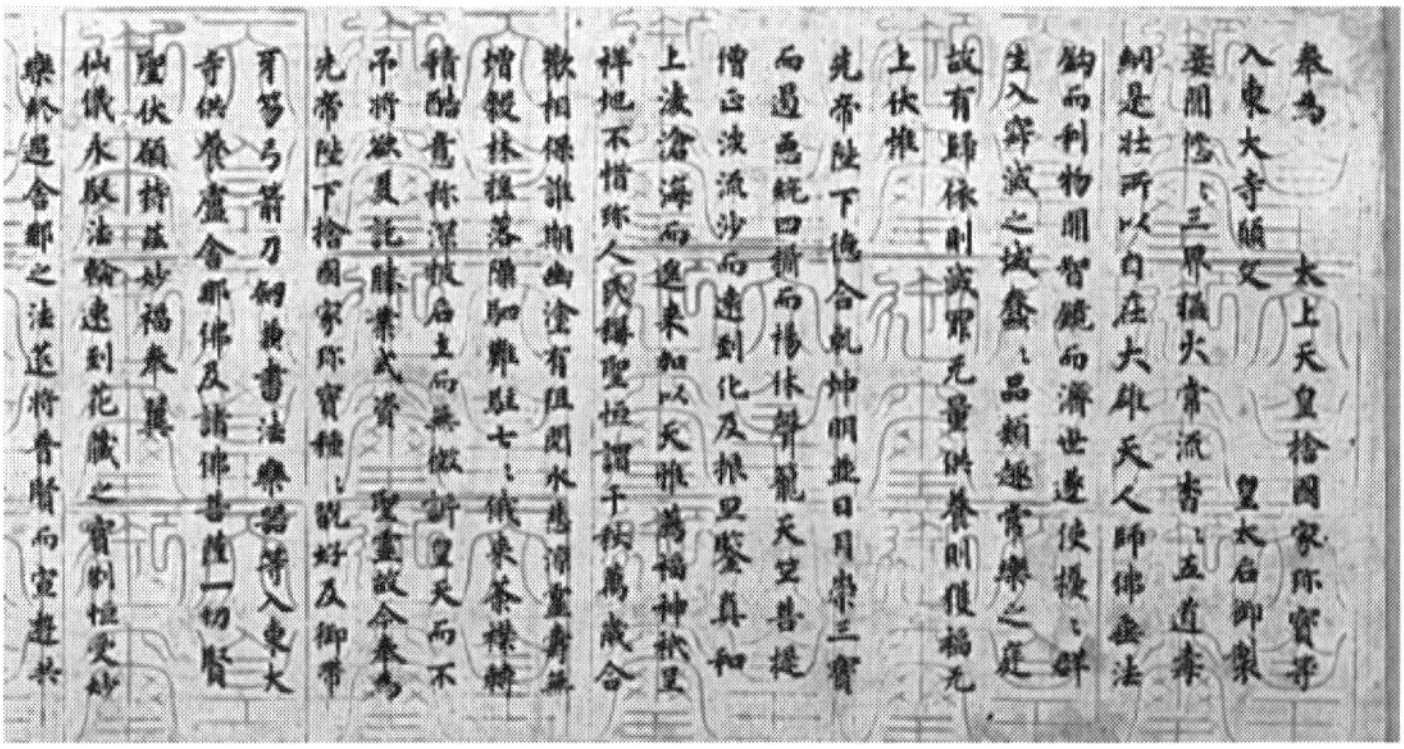
奉為
太上天皇捨国家珍宝等
入東大寺願文　皇太后御製
妾聞悠々三界猛火常流杳々五道毒
網是壮所以自在大雄天人師仏垂法
鉤而利物開智鏡而済世遂使擾々群
生入寂滅之域蠢々品類趣常楽之庭
故有帰依則滅罪無量供養則獲福无
上伏惟
先帝陛下徳合乾坤明並日月崇三宝
而遏悪統四摂而休徴声籠天竺菩提
僧正渉流沙而遠到化及振旦鑒真和
上凌滄海而遥来加以天惟薦福神祇呈
祥地不惜珍人民称聖所謂千秋万歳合
歓相保誰期幽塗有阻閲水悲凉霊寿無
増穀林摧落隙駟難駐七々俄来茶襟転
積酷意弥深披石玉而無徴訴皇天而不
弔将欲奉託勝業式資冥助故今奉為
先帝陛下捨国家珍宝種々翫好及御帯
牙笏弓箭刀剣兼書法楽器等入東大
寺供養盧舎那仏及諸仏菩薩一切賢
聖伏願持茲妙福奉翼
仙儀永駁法輪速到花蔵之宝刹恒受妙
楽終遇舎那之法莚将普賢而宣遊共

「天平勝宝八歳六月廿一日東大寺献物帳」　正倉院宝物

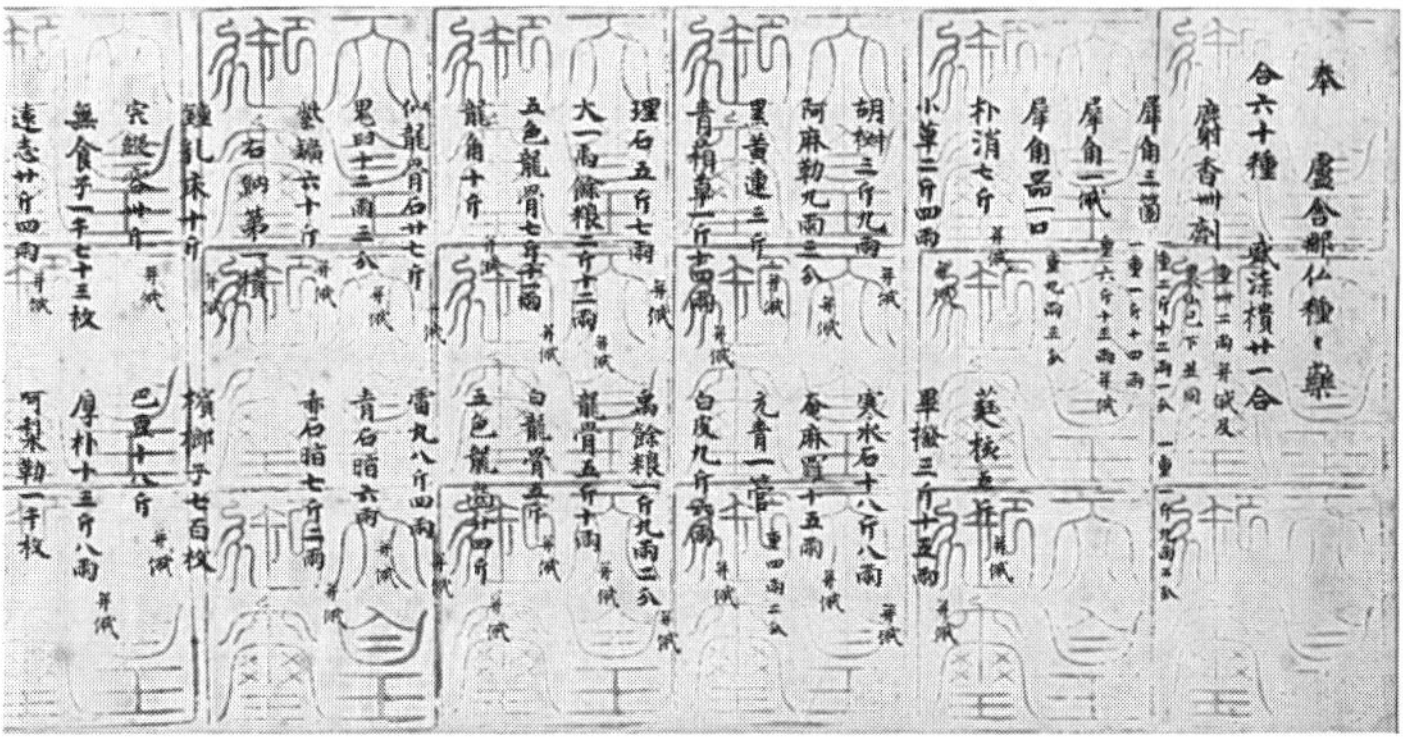
奉盧舎那仏種々薬
合六十種　盛漆櫃廿一合
麝香卌剤
犀角三箇
犀角一袋
犀角器一口
朴消七斤　蕤核五斤
小草二斤四両　畢撥三斤十五両
胡椒三斤九両　寒水石十八斤八両
阿麻勒九両三分　奄麻羅十五両
黒黄連三斤　元青一管
青葙草一斤十二両　白皮九斤
理石五斤七両　禹餘粮一斤九両二分
大一禹餘粮二斤十二両　龍骨五斤十両
五色龍骨七斤十一両　白龍骨五斤
龍角十斤　五色龍歯四斤
似龍骨石卅七斤　雷丸八斤四両
鬼臼十二両三分　青石脂六両
紫鉱六十斤　赤石脂七斤二両
石鍾乳　檳榔子七百枚
鍾乳床十斤　巴豆十八斤
宍縦容廿斤
無食子一千七十三枚　厚朴十三斤八両
遠志廿斤四両　呵梨勒一千枚

種々薬帳　正倉院宝物

「帳内薬物」一覧

植物性生薬	蕤核　小草　畢撥　胡椒　阿麻勒　菴麻羅　黒黄連 青葙草　白皮（及）雷丸　鬼臼　檳榔子　宍縦容 巴豆　厚朴　遠志　呵梨勒　桂心　芫花　人参　大黄 甘草　蔗糖　胡同律　防葵　狼毒　冶葛	27
動物性生薬	麝香　犀角　犀角　犀角器　元青　紫鑛　無食子　臈蜜 猬皮　新羅羊脂　内薬	11
鉱物性生薬	朴消　寒水石　理石　禹余粮　大一禹余粮　青石脂 赤石脂　鍾乳床　芒消　石塩　雲母粉　蜜陀僧　戎塩	13
化石（動物）生薬	龍骨　五色龍骨　白龍骨　龍角　五色龍歯　似龍骨石	6
配合薬その他	紫雪　金石陵　石水氷	3

「帳外薬物」一覧

雄黄　白石英　滑石　琥碧　青木香　木香　丁香　蘇芳　竹節人参　紫鉚 没食子之属　薫陸　烏薬之属　沈香及雑塵　紫色粉　白色粉　獣胆 草根木実数種　礦石数種　薬塵　丹　銀泥　合香　浅香　安息香	25

教においては不老不死の秘薬、神仙薬とされるが、その毒性は高く、服用すると副作用が現れるという(55)。

なお、「帳内薬物」の中で献納数が多いのは大黄、甘草、臈蜜等であり、古記録に記述された二十五種類の薬のうち、合致するものは麝香・檳榔子・巴豆・呵梨勒・大黄・甘草の六種類であった。この六種類は八世紀から多く使用されてきており、事実、古記録のなかでも檳榔子や呵梨勒は使用頻度が高くなっている。

平安期に使用されていた薬の多くは自然に由来する樹皮や草などの生薬であり、現在でいうところの漢方薬に分類される。養老医疾令・薬園条20によると(56)、付近の山沢に薬草があれば採取し栽培していたようである。また養老医疾令・依薬所出収採条21には、典薬寮が毎年、薬の必要量を推計し、薬の産地に対し諸国へ輸進の指示を出すとある。つまり、海外から輸入する方法以外に日本各地から薬を進上させ、輸入品と国産品を併用して緊急時に供えていたと思われる。

これらの薬草を貴族たちが個人的に入手するには、相当な労力と人脈が不可欠であった。現代よりも疾病に対する情報量が少なく、疾病治療が完治に至らず再発を繰り返していたと思われる平安期の人々

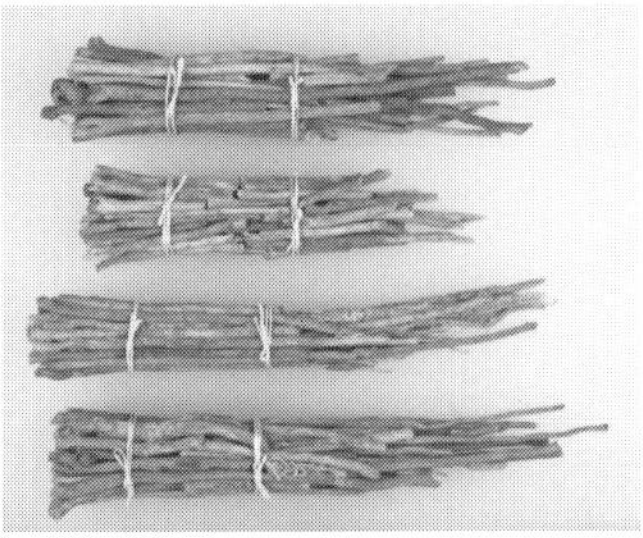

甘草　［左］国立研究開発法人医薬基盤・健康・栄養研究所　薬用植物資源研究センター薬用植物総合情報データベース、［右］正倉院宝物

臈蜜　正倉院宝物

巴豆　正倉院宝物

にとって、薬の保有は自身の生命存続に関わる重要な事柄であり、貴族たちは高い関心を寄せていたと考えられる。

貴族たちが医薬を入手することが困難であった理由の一つとして、前述した「帳内薬物」にある薬の使用歴が考えられる。光明子が東大寺盧舎那仏に献納した呵梨勒は一〇〇〇枚、檳榔子は七〇〇枚であったという。その後、呵梨勒は延暦十二年（七九三）年に四四〇枚、弘仁二年（八一一）には三十三枚、斉衡三年（八五六）には残存量の記録がなくなっている。一方、檳榔子は、延暦十二年（七九三）年に二九八枚、弘仁二年には残存量の記録がなくなっている。(57) 道長や実資の時代、利用頻度の高いこれらの医薬を典薬寮から支給してもらうことは簡単ではなく、自身で調達する必要があったといえよう。

貴族たちは、主に典薬寮の医師などから医薬に関する知識を得ていたと考えられる。入手困難で、十分な知識がなければ使用できないと思われる薬についても、貴族たちの間で一定の共通理解があり、的確な服用がなされている事実は、まさに驚嘆に値するものと言える。改めて彼らの医薬に関する知識の高さに注目すべきであり、そういった視点から平安貴族の文化水準の高さを再評価すべきであろう。

さて、本節では摂関期の貴族が疾病時の治療の一環として扱った医薬に関して、誰の処方であるのか、そしてその薬の効能や利用状況から窺われる貴族たちの姿について考えてきた。

総括すると、まず疾病の際に誰を呼んだかについてであるが、貴族は養老医疾令に准じて、多くは宮内省の典薬寮の医師に診断を仰いでいたと考えられる。三つの古記録から、道長・実資・行成に関与した医師は、和気正世・和気相成・和気相法・但波忠明・清原為信等であり、また彼等の一部は典薬寮の医師であったことが判明した。

　また、この三つの古記録には、陰陽師が疾病時に度々登場している記述が見受けられたが、陰陽師は医師の診断を補完する役割を担ったと言える。陰陽師は貴族たちが医師の診断・治療を不審に感じた場合や、疾病に医師の治療の範疇を超える怨霊や祟りなどが介在していると思われる場合に登場し、「診断」を行なった。医師と陰陽師の診断目的には歴然とした区別があり、貴族は疾病の物理的な状態や程度を診断してもらう場合には医師に諮問し、そこに祟りや鬼の影響が介在しているか否かについては陰陽師に諮問する、という具合に両者を合理的に使い分けていた。また、陰陽師の疾病時における「診断」による回答は二形式あり、一つは祟りの有無や軽重、もう一つは祟りを含まない「風病」に限定された。そして、診断に祟りが含まれる場合のみ、陰陽師は祭儀などの施術を行なった。具体的にどのような施術を行なっていたかについては、第三章で改めて論じることにしたい。

　このように医師の診断のみならず、陰陽師の診断や、場合によっては人々の噂に至るまで、複数の対処方法を貪欲に採り入れる貴族たちの行動形式は、貴族たちが疾病に対して我々が感じるそれよりも深く敏感な感覚をもち、また強い畏怖心を抱いていた実態をよく表現しているということができよう。

　次に、実際に使用されていた医薬についてまとめてみたい。医師たちは、診断と同時に必要であれば投薬行為を行なっている。貴族たちが服薬した薬は、大まかに分けて、植物系・動物系・鉱物系に分類されるが、一番多く利用されていたのは、やはり入手しやすさからか、風邪・便通に効く呵梨勒や、熱結を解す薬剤である紅雪に代表される植物生薬系のものが多かった。逆に鉱物系の薬である雄黄・丹薬・金液丹は道教の秘薬ともされ、入手困難であったためか、使用された状況も重度の症状に限定され、また使用できる者も三条天皇・道長・実資等と、ごく限られた人々のみであった。

摂関期の貴族にとって疾病時における医薬の使用は、何も特別な対処であったのではなく、現代の私達と同様の意識で一般に用いられていたと推測される。薬の服用は、疾病時の日常的な行動の一つであり、また複数混合して服用しているような事例からは、医薬についてある程度の知識を貴族たちが持ち合わせていたことも明らかであろう。

しかし、医薬の薬効について知識を持っていたと思われる貴族たちではあったが、誤診や服薬量の誤りによって薬効を奏さない事例や、薬にそれ以上の付加価値を求めるために加持祈祷をさせた事例も見られた。そのなかでも常時平静な実資が、呵梨勒を常軌を逸するほど多量に服用している事例からは、治療に対する過度の期待感や焦燥感を強く感ぜずにはいられない。

これまでは王朝貴族たちの姿として、疾病や怨霊に怯える一面のみを際立たせて彼らの存在の特質を語ることが多かったように思われる。しかし、彼らは医師や陰陽師の診断を使い分け、医師の医学的治療を受けつつ、時には自身の知識によって服薬行為も行ない、補完的に陰陽師の宗教的な意味での診療も受診するというように、実に理性的で合理的な一面も持ち合わせていた。医薬の利用とは、こうした貴族たちの精神性を垣間見ることができる興味深い事象であるといえよう。

第二節　王朝貴族の外的治療

摂関期の貴族は、疾病時に服薬治療以外にも多様な治療法を試みている[1]。古記録から、藤原道長・藤原実資・藤原行成の三者が行なったことが確認される主な治療行為を次の表一に示した。なお、本節での考察は薬を処方されただけの事例については除外し、外的に施された治療行為を含む場合のみを対象とする。このような治療行為においては、誰の指示によるかが明記されていない事例も多数みられたが、表一では治療を指示した者が明確なものを抽出した。ただし、個人で行なった治療行為も、おそらく医師の指示によるものを多く含んでいると考えられるため、特に興味深い特殊な事例については追加した。

表一　古記録にみえる外的治療行為

	和暦年月日	本文	指示者	対象者	
1	長保四年五月六日	正世、宮の御腫物を針す。膿汁一升ばかり出づ。	和気正世	為尊親王	権
2	寛弘元年五月十五日	三日の夕方より舌下に小物有り。重雅を召して見しむるに、「重舌」と申す。仍りて療治を加ふ。	丹波重雅	藤原道長	御
3	寛弘七年九月二日	重雅宿禰、痢病を灸治す。	丹波重雅	藤原行成	権
4	長和元年二月八日	「今日、内裏、御歯を取らしむ」と云々。藤大納言・藤中納言、来たる。……両人、示して云はく、「御歯を取らしめ給ふ。殊なる事無し」てへり。中納言、御歯を持ちて見しむ。「是れ仰		三条天皇	御

		せに依るなり」と云々。			
5	長和四年閏六月廿日	夜の間、足、腫れ痛きこと、為ん方を知らず。蓮・楊等の湯を以て、之を洗ふ。	藤原道長	藤原道長	御
6	長和四年七月廿九日	入道馬頭、法性寺座主の車宿に下り、灸治す。	慶命	藤原顕信	御
7	長和五年七月十八日	一条に行き、沐浴す。彼の上の御心地、猶ほ以て重し。		藤原道長	御
8	寛仁二年三月廿六日	東宮、御脛に小熱し給ふ物有り。仍りて医師を召し、案内を問ふ。「殊なる事、御座さず」てへり。「若しくは暫く悩み給ふか」と申す。雄黄・牛矢等を以て、之に付し奉る。	医師	敦良親王	御
9	寛仁三年三月十三日	今日、石清水臨時祭。寸白、発る由を称し、参入せず。背に聊か熱有り。定延を招き、見しむ。「雄黄を付すべし。又、石を以て充つべし」てへり。即ち件の治等を加ふ。余、思ひ得て支子を傅す。験有り。	定延	藤原実資	小
10	寛仁三年三月十四日	忠明宿禰、来たり、所労を見て云はく、「定延の言のごとく、更に殊なること無し」てへり。侍医相法、云はく、「更に殊なること無し。石を以て冷やすは、太だ猛き治。只、支子の汁を以て傅すべし。若しくは積雪草の汁を和し、傅すべし」てへり。	但波忠明 定延 和気相法	藤原実資	小
11	寛仁三年三月廿四日	寸白、太だ堪へ難し。早旦、湯治を加ふ。次いで薏苡湯を用ゐる。又、蓮葉の治を加ふ塩煮を交ふ。。亦、唐の雄黄を傅す。	藤原実資	藤原実資	小
12	寛仁四年九月廿八日	又、人々、云はく、「今日、入道殿、灸治し給ふ」てへり。仍りて内より参入す。修理大夫通任、左衛門陣の外に於いて相逢ふ。云はく、「入道殿、灸治し給ひ了んぬ」てへり忠明宿禰、之に候ず。。……彼是、云はく、「灸の後、湯治す」てへり。	但波忠明	藤原道長	小
13	治安二年四月十八日	早旦、相法、来たりて云はく、「今に至りては、灸治すべからず。一両日を経、沐浴すべし」てへり。其の後、忠明、云はく、「今・明日、猶ほ灸治を加ふべし。冷し過ぐるを以て善しと為	和気相法 但波忠明	藤原実資	小

		すべからず。仍りて灸治を用ゐ、飲酒并びに沐を禁ずべし。其の外の食物、禁ずべからず」てへり。亦、熱気、只、今・明の間なり。其の後、沐浴すべし」てへり。			
14	治安三年九月三日	畢りて作事を見る間、顛仆す。頬、長押に突き、一寸余ばかり切る。血、多く出づ。侍医相成朝臣を以て療治せしむ。	和気相成	藤原実資	小
15	治安三年九月八日	面の疵、日ごろ、地菘・桑・蓮の葉等の三種の湯を以て洗ふ。亦、地菘の葉を着く。今日、柳の湯を以て、相交ぜて洗ふ。疵、一寸余り。今日、見るに、七分ばかり愈合するか。	藤原実資	藤原実資	小
16	治安三年九月十一日	今日、忠明宿禰、来たり、頬の疵を問ふ。申して云はく、「更に疵有るべからず。只、柳并びに蓮の葉の湯等を以て洗ふべし」と。	但波忠明	藤原実資	小
17	治安三年九月十四日	去ぬる夕より、頬、腫る。悪血の致す所か。相成朝臣、蓮の葉の湯を用ゐて療治す。又、夢想の告げに依り、支子の汁を傅す。……恒盛を以て占はしむるに、勘申して云はく、「祟り無し。血気、相剋して、致し奉る所か」てへり。日ごろ、蓮の葉等の湯、頗る温かなり。彼等を以て頬を洗ひ、熱気、発する由、夢想有り。仍りて支子を傅す。亦、蓮の葉の汁を冷やし、面を洗ふ。尤も其の験有り。	和気相成	藤原実資	小
18	治安三年九月十六日	余、労く所の面の疵、愈合するに似る。物の葉を傅すと雖も、肉合を傅せざるか。瘢痕無かるべき由、医師并びに人々、申す所なり。日ごろ、柳・地菘・蓮の葉等の湯を以て洗ふ。而るに夢想の告げに依り、支子を傅す。又、蓮の葉を以て煮て冷やし、面を洗ふ。面の腫れ、頗る赤色を減ずるに依り、亦、宜しく冷治すべし。已に其の験有り。種々の湯治に依り、熱、発するか。	医師	藤原実資	小
19	治安三年九月廿日	余、所労、漸く以て平減す。面の疵、今、三・四分ばかり未満	和気相成	藤原実資	小

		なり。今に至りては、只、蓮の葉の湯を以て冷し、毎日、両度、洗ふ。蜜、鷹の矢に和へるを傅す。侍医相成朝臣、身を離れず、丁寧に療治す。寔に家人と雖も、深く竭くす勤節の者なり。			
20	治安三年閏九月一日	丑時、夢みるに、大夫、来たりて云はく、「面の疵、忠明に問ふに、『平らぐ』と。又、云はく、『柘榴の皮を焼きて傅すべし。桃核の汁を傅すべし』てへり」と。今、思ふ所は、薬師如来に帰依し奉る所、告げ給ふ所。随喜の心、喩ふる方を知らず。今、須く明旦、忠明宿禰を召し、件の両種の功能を問ふべし。亦、虚実を占はしむべし。必ずしも占ふべからずと雖も、魔障の怖れに因り、神の告げを得んが為なり。	但波忠明	藤原実資	小
21	治安三年閏九月二日	早朝、忠明宿禰を召し遣はし、夢告の二種の薬の事を問ふ。云はく、「桃核の汁を傅すこと、極めて優なる事なり。肉を満して皮をゆるへ、元のごとく還復すべきなり。亦、柘榴の治、未だ知らず。必ず良かるべきか。文書を引き、注進すべし」てへり。夢想の信不を、恒盛を以て占はしむ。占ひて云はく、「今月一日壬辰。時は丑夢を見る日時。に加ふ。伝送、午に臨み、用と為す。将は青竜。中は河魁・白虎。終は神后・玄武。御行年、申の上。河魁・白虎。卦遇、聯茄。之を推すに、信じ給ふべきなり。何を以て之を謂ふに、『天医の神徳、青竜、是れ医師の本主なり。又、大神孟、中、加臨。告ぐる所、信ずべし。加季、信ずべからず』と云々。爰に以て之を案ずるに、大神の加孟、是れ信じ給ふべきか」と。忠明宿禰、勘へて云はく、「桃核味、苦く甘し。平らかにして毒無し。瘀血を主る。又、早暴暫血を除く。又、痛みを止む。又、人をして色を好ましむ。又、人面を悦沢す。。件の物、付し御すべきなり。皮肉を炒め去り、鉄臼にて能く舂き、泥をして傅せしめ給へ」てへり。「柘榴、若しくは仏法に於いて見ゆる所有るか。此の御疵に至りては、之を用ゐるべか	但波忠明	藤原実資	小

		らず」と。桃核、勘文のごとくんば、面の疵に用ゐること、最も勝る。夢想の告げ、仰ぎて信ずべし。仏神、亦、敬慎の誠を致さば、必ず感応の験を得。			
22	治安三年閏九月三日	「桃核の汁、極めて良き事なり」てへり。「彼、常に傅すし」てへり。即ち相成をして石榴の皮を焼き摩らしむ。「白昼、面に傅するは、黒かるべし。夜に臨みて傅するが宜しかるべし」てへり。夜に入りて、石榴の皮を傅す焼き摩ること、炭のごとし。。	和気相成	藤原実資	小
23	治安三年閏九月十九日	忠明・相成等の朝臣を呼び、面の疵を見しむ。更に殊なる事無し。亦、酒を禁ずべきか否かの事を問ふに、「忌むべからず」てへり。酒を要するに非ず、酒を用ゐるべき由、或る者、申すなり。	但波忠明 和気相成	藤原実資	小
24	治安三年十一月四日	左衛門尉式光、左の頬、腫る。相成朝臣、云はく、「殊なること無し」と。忠明宿禰、云はく、「尤も慎むべし」てへり。去ぬる朔日より此の恙有り。両医、二日見る。忠明、申すに依りて重治を加ふ。連日、申すに随ひ、雄黄・巴豆・麝香・沈香を遣はす。日々、相成を遣はす。今夕、忠明、云はく、「一昨、之を見る。其の後、見ず」てへり。今明旦、見るべき由を仰す。	和気相成 但波忠明	宮道式光	小
25	治安三年十一月五日	相成、云はく、「去ぬる夕、即ち式光の許に罷り向かふ。夜、治を加ふ。只今、罷り帰る。今のごときは、巨害に及ばざるか」と。其の後、忠明、来たりて云はく、「猶ほ慎しむべきに似る。唯、瘡気、頗る伏す」てへり。	和気相成 但波忠明	宮道式光	小
26	万寿二年十一月廿八日	今暁、小女の左方の人指々、鼠齧りて血出づる。侍医相成申すに依りて甘草を煮て其の汁を傅す。又云はく、「猫の矢を焼く灰を傅すが良し」てへり。甘草、験有り。仍りて猫の矢を傅さず。痛苦平愈す。	和気相成	藤原実資 小児	小

有馬温泉現況　倉本一宏撮影

この表では、疵や頬の腫物に対する外的治療が多数を占めるが、薬による患部の治療のほかに、灸治や湯治なども摂関期では治療の一環として扱われていたことがわかる。例えば、温泉における湯治治療は、即効性は認められないものの、道長も採り入れて有馬温泉に十六日間も滞在している[2]。また、湯治治療ではないが、それと関連して、発熱した状態の場合に「湯茹」を治療法の一つとして実践している。入湯する習慣の無かった当時においては、これは身体を温め発汗させる治療法だと考えられる。

貴族が行なった治療行為は、誰の指示によることが多かったのであろうか。前節での服薬治療では医師による判断が最も多かったことを確認したが、外的な治療行為の場合はどうであったのだろうか。加えて、治療は一人の患者が複数の方法を試している場合や、複数の医師が同じ治療を処している場合もある。治療に使用された薬や、貴族が特に重要視したり優先的に行なった治療法など、その選択のあり方などについても言及したい。

Ⅰ．治療を施した者

表二　外的治療行為の指示者

	指示した者	回数	対象者
1	丹波重雅	2	藤原道長・藤原行成
2	但波忠明	4	藤原実資・藤原道長
3	和気正世	1	為尊親王
4	和気相成	5	藤原実資・藤原実資小児
5	医師	2	藤原実資・敦良親王
6	定延	2	藤原道長
7	但波忠明・和気相成	3	藤原実資・宮道式光
8	但波忠明・和気相法	1	藤原実資
9	但波忠明・和気相法・定延	1	藤原実資

表一を基にして、実施された外的治療行為のうち、誰の指示による治療行為であるのかをまとめたものが、次の表二である。

『御堂関白記』『小右記』『権記』のなかで、外的治療行為を多く行なっているのは、但波忠明と和気相成であった。第一節で検証した結果、最も多く病状の診断を下したと思われるこの二人は、同様に多くの外的治療行為も施していた。さらに、貴族個人が自分自身で治療を施したという記事は、服薬のケースを併せて実資の『小右記』に最もその事例が多く、その内容としては頬の疵の治療が多くを占めた。ただし、『御堂関白記』をみると明らかなように、道長自身、多くの疾病を患ったものの、具体的な疾病名を記述していない。ましてや、その治療法や誰の指示かについてはほとんど記述していないのである。こうしたことから、外的治療についてもこれが摂関期の貴族すべてに該当するとは断定できないであろう。だが、この表二から、やはり医師に外的治療を委ねていることの方が多いことが判明するとともに、一方で貴族は自身の医学知識から独自の外的治療行為を自身で行なうことも、少なからずあったということがわかった。

ところで、実資が医師の意見を参考にしつつ、自身で薬の服用を行なった事例は、前節の呵梨勒の例でみてきた通りである。疾病時に利用された内服薬や外的治療行為は、個人の偶然の思いつきで施されたとは通常考えにくいであろう。医師との関わりのなかで、貴族たちは医学知識を吸収していったものと考えられる。それ以外に貴族たちが医学知識を得る方法としては、中国古典に基づく医学書『医心方』以外にも、当時中国から将来された様々な医学書が存在していたと思われ、そのような書物を利用して医学知識を獲得していたことも推測される。これを裏付けるように『権記』には、行成が医書を読んでいたことがわかる史料が残っている。

『権記』寛弘六年（一〇〇九）九月九日条

此の夜の夢に、故典薬頭滋秀真人、紅雪を予に服さしむ。厚朴の汁に入れて飲む。

この夜の夢に、故典薬頭滋秀真人が紅雪を私に飲ませた。厚朴汁に入れて、これを飲んだとある。行成は実際には紅雪も厚朴汁も服用したことはないのであるが、前日の八日に、本草書を読んだという記事があり、そこには貴重な紅雪の記載もあったのであろう。この記憶によりこの夢を見させたのである。薬に関する知識が脳に記憶され、それが夢のなかで甦ったということになる。

さて、それでは貴族の外的治療に関わった医師について個別に考えていくことにしよう。但波忠明は摂関期の貴族に多く関与した医師であり、唯一、道長・実資に共通して出入りしていた人物でもある。この但波忠明が扱った症例は、腫物のほか、ほとんどが疵に対する治療行為であり、投薬治療を含め多くの疾病治療に関与している。その処方をみると、治療方法は意外に科学的な医療によるものであることがわかった。続いて和気相成は、実資のみに関与した医師であるが、その内容は腫物、疵、寸白、怪我と幅が広く、こちらも医学に精通していた人物であったことがわかる。

　また、これらの医師以外で、唯一治療行為を施している僧である定延は、実資のみに関わった「僧医」と呼ぶべき存在であるが、古記録からその診断と処方は非常に的確なものであり、実資の信用も深かったと考えられる。僧でありながら加持祈祷や修法といった宗教的治療ではなく、現代的に医学的な意味を持つ治療行為を行なっているが、古記録のなかでこのような僧医の存在は定延一人だけであった。

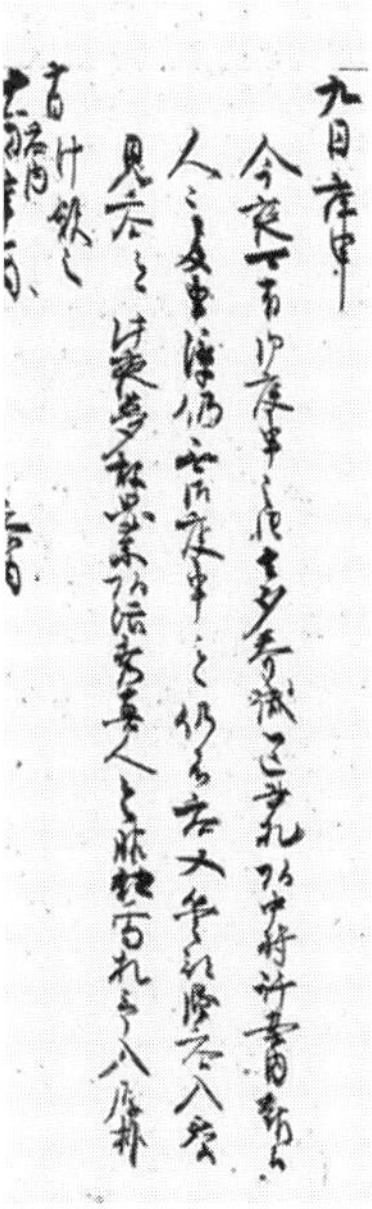

『権記』（伏見宮本）寛弘六年（一〇〇九）九月九日条
行成が医書を読んでいた　宮内庁書陵部蔵

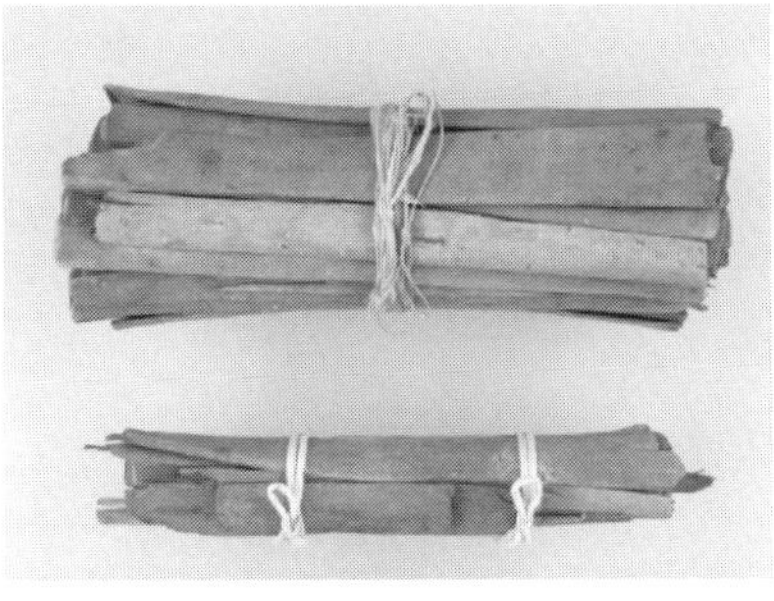

厚朴　正倉院宝物

定延は、『小右記』長和五年（一〇一六）五月十一日条では柿汁について意見を申上し、『小右記』寛仁二年（一〇一八）三月十九日条では実資の姉の腫物を診断し、廿日条では自ら連銭帖という薬を作って送っている。さらに、『小右記』寛仁三年（一〇一九）三月十四日条では、前日の三月十三日条で提案した治療法を、侍医和気相法と但波忠明にも診断させたものの、定延の見立ての通りであった、と定延の治療法の確かさが裏付けられている。専門的医師ではない僧侶の定延が、どこから医学知識を学んだのかは不明であるが、定延は医師の判断に不審な点があったり、或いは不完全である時にしばしば召されており、その結果、実資と個人的に深いつながりを持つようになったと推測される。

医師や僧侶について検討してきたが、では貴族たちの疾病治療のために出入していた医師は、どのくらいの人数がいたのだろうか。養老職員令・典薬寮条44によれば、典薬寮には約百二十四名の定員を有していたことになっている。そのなかで貴族の治療にあたったのは、但波忠明・和気相成・丹波重雅等が、それぞれ典薬頭、針博士といった身分であることから、博士や長官であったことがわかる。しかし、医術に従事した多数の者のうち、実際に貴族の治療に関わったのは、ごく一部の者であったといえよう。

Ⅱ．複数の治療提案

貴族は疾病時、複数の医師に診断を依頼し、またその治療行為の内容を確認しているが、これは現代医療におけるセカンド・オピニオンと類似している。セカンド・オピニオン（second opinion）とは、病気の際に、単独の病院や医師の問診を受けて病状診断や治療方針を聞くだけではなく、他の病院・医師にも意見も聞くことによって、患者が治療方法などを選択して自己決定することをいう。患者が医師主導の治療を単に受動的に受けるのではなく、患者自身が積極的に自らの病状について自己決定するという価値観を含む概念で、現代医療においては特に重要視される概念である。摂関期の貴族も疾病という非常事態にあたって、複数の医師による病状の見立てや治療方針の違いを聞くことによって、どの治療法を採用するかを検討したり、或いはそれが妥当な治療法なのか再確認したりしている。こうした状況から、ある意味で平安時代なりのセカンド・オピニオンの概念が存在したということができるのではなかろうか。たとえば、表一の10『小右記』寛仁三年三月十四日条のように、寸白の処方を但波忠明と定延の両者に確認しているのも、その良い例であろう。

では個人の医師と、複数の医師に治療行為を問う場合は、どのような違いがあったのであろうか。通常であれば、便奏によって典薬寮から医師が派遣されるが、古記録をみると、その際に派遣された医師は通常一名であったと思われる。しかし、表一の9『小右記』寛仁三年三月十三日条や、20『小右記』治安三年（一〇二三）閏九月一日条から始まる連続性のある疾病に罹った際には、実資は複数の医師に治療を問うている。これはおそらく、なかなか治癒しない症状を前に、医師や陰陽師を複数、あるいは多数呼び寄せて、少しでも不安を解消しようとしたのであろう。ここで興味深いのは、第一節の投薬の項において、服薬時に複数の医師に処方を問うような史料は見当たらなかったが、外的治療に際しては表二のように複数の医師に見立てを行なわせている事例が所見する点である。このような怪我や疵による疾病は、風病や咳病といった誰にでも罹り得るものではないため、その治療方法もさほど貴族たちの間に認知されていなかったからではないかと考えられる。そのために、貴族たちは複数の医師や僧侶らに重層的に治療の判断を求めたのではなかろうか。

次に医師の診断に基づく治療方針について考えてみたい。治療方針については、医師等が同様の回答をした場合もあれば、対極的な意見を述べている場合もある。同様の回答をした事例は、『小右記』万寿四年（一〇二七）二月五日条、『小右記』万寿四年三月十九日条などが挙げられる。二月五日条では和気相成が但波忠明も自身と「相同」であると述べている。三月十九日条では小瘡[3]の処置として二者とも蛭喰[4]を提案している。典薬寮に属した医師であれば、もともと学んだ医術もほぼ同様であったと考えられるが、あとは経験上の知識の差ということになるのだろうか。しかし右のような治療法が抵触するようなな事例は実に稀であり、おおよそ医師の治療の方針は、一方の処方に自身の処方を追加することはあっても、否定するものではなかったと言える。

次に、医師等の意見が相違した例について考えてみたい。

『小右記』治安二年（一〇二二）四月十八日条

早旦、相法、来たりて云はく、「今に至りては、灸治すべからず。一両日を経、沐浴すべし」てへり。其の後、忠明、云はく、「今・明日、猶ほ灸治を加ふべし。冷し過ぐるを以て善しと為すべからず。仍りて灸治を用ゐ、飲酒并びに沐を禁ずべし。其の外の食物、禁ずべからず」てへり。亦、「熱気、只、今・明の間なり。其の後、沐浴すべし」てへり。

近世俳諧の玉手箱

上巻・下巻

母利司朗 編（京都府立大学文学部教授）

京都府立京都学・歴彩館に所蔵される新免安喜子氏旧蔵の古典籍（伊藤松宇旧蔵本）のうち、四五〇点ほどにおよぶ連歌俳諧書の中から学術的に価値の高いものを選び、翻刻と影印によって広く研究の益を供するものである。近年までその存在が殆ど知られていなかった、連歌俳諧研究のための重要資料である。

■Ａ５判上製・平均618頁　各巻九、九〇〇円

上巻：ISBN978-4-653-04554-0
下巻：ISBN978-4-653-04555-7
ISBN978-4-653-04553-3（セット）

病悩と治療

王朝貴族の実相

王朝時代の実像3

瀬戸まゆみ 著（国際日本文化研究センター研究補助員）

—澤田瞳子氏・古瀬奈津子氏・井上章一氏推薦　好評シリーズ—

科学と呪術・宗教のあいだで、当時の医療はいかに行われていたのか。文学作品と古記録の記述を比較・分析し、医師による投薬や外的処置などの物質的な治療と、密教僧や陰陽師によって執り行われていた宗教的な治療とが両立していた、王朝貴族たちの医療文化の実態に迫る。

■四六判上製・240頁　三、六三〇円

ISBN978-4-653-04703-2

寺院文献資料学の新展開

中山一麿 監修　落合博志・伊藤 聡・山﨑 淳 編

中央の主要寺院との関わりの中で注目される地方寺院の悉皆調査の成果を、論文および資料翻刻・解題により紹介。個々の資料分析にとどまらず、長きにわたって各寺院の経蔵に蓄積・伝存してきた聖教類の集合体としての意味を問うとともに、10カ寺近くに及ぶ寺院調査の成果を横断的に考察し、寺院間ネットワークの実態を明らかにする。

巻：ISBN978-4-653-04550-2
978-4-653-04540-3（セット）

山田慶兒著作集

最新刊

第6巻「科学論（近世篇）」

を展開し、思想史的アプローチによって科学文明の本質を探り続けた山田慶兒。単行本未収録の論文から未発表原稿まで、氏の学術的業績の全貌と魅力を明らかにする。主要著作は著者による補記・補注を加えそれぞれ定本とし、各巻に解題・月報を付す。

■第6巻　菊判上製・432頁　一五、四〇〇円

6巻：ISBN978-4-653-0460
ISBN978-4-653-04600-4（セ

釈彦琮の研究

隋東都洛陽上林園翻経館沙門

齊藤隆信 著（佛教大学特別任用教員（教授））

北周から隋にかけて特定の学派や宗派に属することなく、半僧半官の立場で国家仏教の主要な事業に参画し、その発展に寄与した釈彦琮（五五七―六一〇）。後世、師資相承を重んじる教団仏教が栄える中で埋没してしまった彦琮の偉大な功績を究明し顕彰する。それによって従来見落とされていた教団史観によらない隋代仏教の一面が明らかにされる。

■Ａ５判上製・本文664頁・口絵４頁　一三、二〇〇円

ISBN978-4-653-04169-6

國語國文

京都大学文学部国語学国文学研究室 編

近刊

90巻12号・91巻1号

大正十五年（一九二六）の創刊以来、実証的な研究を重んじる立場から画期的な論文を掲載しつづけ、国語国文学の分野に貢献してきた本書は、国語学国文学の最新の研究状況をリアルタイムで発信する好資料である。

■90巻12号・91巻1号　Ａ５判　48頁～64頁　一、一〇〇円

90巻12号：ISBN978-4-653-04488-8
91巻１号：ISBN978-4-653-04489-5

京大人文研東方学叢書

【第二期】全10巻　まもなく刊行開始！

京都大学人文科学研究所東方部は、東方学、とりわけ中国学研究に長い歴史と伝統を有し、世界に冠たる研究所として国内外に知られている。約三十名にのぼる所員は、東アジアの歴史、文学、思想に関して多くの業績を出している。その研究成果を一般にわかりやすく還元することを目して、このたび「京大人文研東方学叢書」をここに刊行する。

■四六判上製・平均250頁　予価各巻三、三〇〇円

11 **五爪龍と「日本国王」**　漂流民と乾隆帝　岩井茂樹

12 **愛と欲望のオルド**　オバサマたちのモンゴル帝国　宮　紀子

13 **イスラームの東・中華の西**　8世紀の中央アジアを巡って　稲葉　穣

14 **商品が動かす中国近代**　茶・アヘン・米・大豆・羊毛　村上　衛

15 **契丹〔遼〕の歴史と考古学研究**　遊牧王朝の足跡を追って　古松崇志

16 **漢蔵諸語の類型論**　豊饒な言語の森を行く　池田　巧

17 **イスラーム新思想の東伝**　19〜20世紀中国ムスリムの知の展開　中西竜也

18 **霊魂のゆくえをさぐる**　中国古代・中世の墓と神座　向井佑介

19 **皇帝と寺院**　玄奘の帰国と中国仏教の新たな展開　倉本尚徳

20 **科学伝来**　イエズス会宇宙論と東アジア近世　平岡隆二

ISBN978-4-653-04520-5（セット）

四月十八日条では、和気相法と但波忠明の診断に齟齬あり、とあるように診断が正反対を示した。和気相法が灸治をせずに一両日沐浴も控えよ、との診断を下したのに対し、一方の但波忠明は灸治をせよ、飲酒と沐浴は不可、と述べている。結局、三日後の『小右記』治安二年四月廿一日条にあるように、両者は沐浴を可としている。

『小右記』治安二年（一〇二二）四月廿一日条
忠明・相法等、云はく、「今に至りては、沐浴、怖れ無きか」てへり。忠明、云はく、「沐浴、了らば、即ち以て冷さしむべからず」てへり。

この事例について実資がどちらの医師の意見に従ったかについては、残念なことに四月十九・廿日に記述がないため不明である。ただしこの四月十八日条の記事をみると、実資自身、どちらか判断しかねて何の治療も行なっていないように思われる。

このことから貴族たちは、そもそも医師の診断が分かれるということをあまり想定していないのではないだろうか。貴族たちが複数の医師を呼ぶことは、多数の処置法を聞くことや、一方の処置が正しいかどうかの確認、さらには自身の納得のいく結果を得るということが主な目的であり、ことさらに異なる診断や処置法を模索するためではなかったように思う。また注目すべき点は、貴族たちは治療方針を多数決で決めるのではなく、自身の納得がいく治療法を選択しているに過ぎないという点である。医師

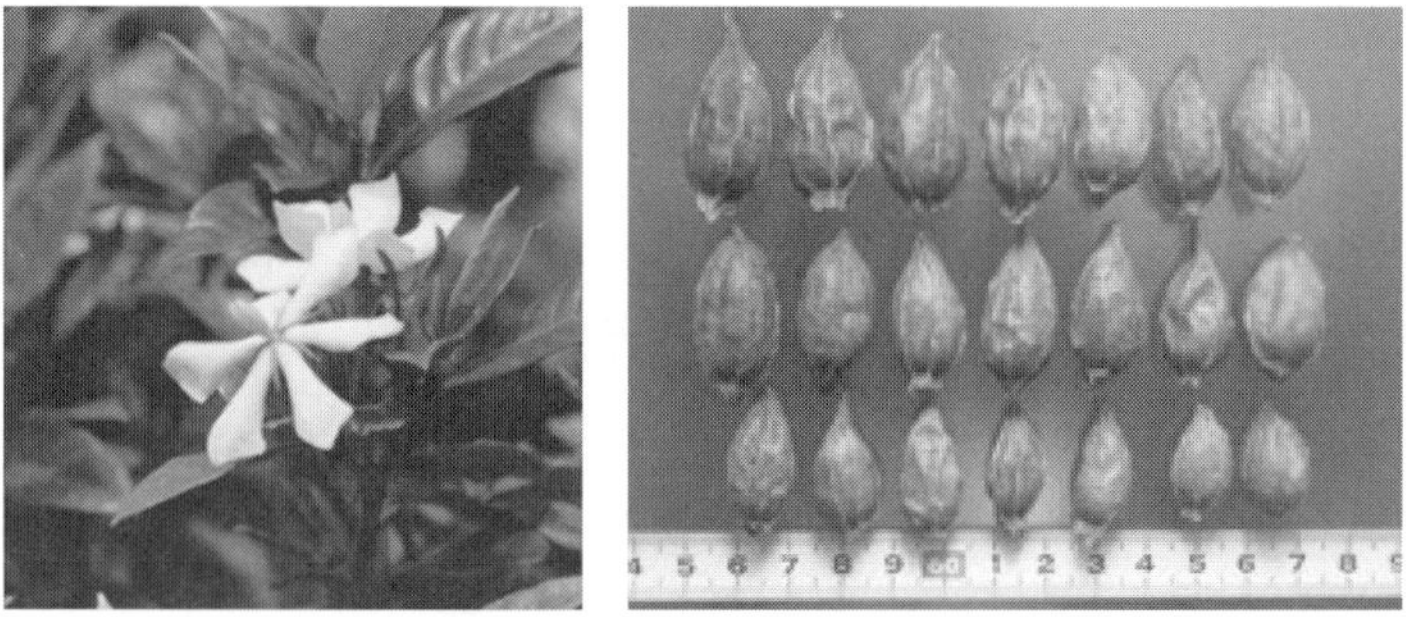

支子（山梔子）　日本漢方生薬製剤協会 写真提供

の治療方針に納得すれば試してみるが、疑問を抱くと治療を施さなかったり、時には自身の医学知識に基づく治療行為を追加して行なうのである。貴族たちは、そのために複数の医師を呼んで多くの治療法を諮問していたのであろう。

これを表す事例として、表一の9『小右記』寛仁三年三月十三日条では、定延が患部に雄黄を付け石を充てる治療処置を提案したものの、実資は自身の治療行為として、さらに支子を付けている。貴族は医師の治療提案を参考にしつつも、自身が過去に施した治療法も行なっている。決して医師の処方を否定するわけではないのだろうが、医者任せではなく、自身の経験上の知識を活用した治療も行なっていたといえよう。

余談ではあるが、実資が腫物に対する知識として支子を自己診断で使用したのは、古記録上ではこれが初見である。以前に支子を使用したという記述があれば、その知識を利用し今回も治療に使用したと推測できるが、それに該当するような記事が見あたらないため実証は難しい。しかし支子を使用しているのは明らかであり、その薬効に関する医療知識を実資自身が持っていた、ということは少なくとも言えるであろう。なお、支子は梔《くちなし》とも呼ばれ、日本で古来から自生している数少ない樹木の一つと言われている。このため比較的入手しやすく広く利用されていたため、実資もよく知っていて自ら使用したのであろう。

最後に医師による疾病の処置から、もう一点留意すべき点を追加したい。それは医師の治療提案の内容が、治療の可否を回答しているだけで、両者は対極、或いは画期的に違う療法は全く提示していないということである。要するに、摂関期の医師は常識的な範囲のことを述べるのみで、医師が違っても同様の範囲の治療法しか提案していないのである。当時の医師の知識水準は、各種の療法をみるに決してレベルの低いものではなかったと考えられるが、新たな治療法を積極的に開拓していくというような進歩的特質はあまり顕著ではなく、むしろ全般的には医学書に記述されていることを忠実に踏襲するという状況に留まっていたと推測されよう。

Ⅲ．治療に使用された薬

次に治療に使用された薬について考えてみたい。表三は、摂関期の貴族が使用した薬について、表一を分類したものである。

これによると、第一節で考察を加えた貴族たちが使用していた薬と、主に外的治療で傷口に付していた薬とは、重複するものは少なく、別の種類が多いことが確認できる。入手経路を考えると植物系のものが多いと言えるが、植物系をさらに草花と樹木で大きく二分すると、外的治療で多く使用されていた

表三　古記録にみられる主な薬

	薬名	処方した者	対象者
植物系	甘草	和気相成	藤原実資小児
	柿	定延	藤原道長
	呵梨勒	定延	藤原道長
	大豆	医師	藤原道長
	桑		藤原実資
	柘榴	但波忠明・和気相成	藤原道長・藤原実資
	支子	和気相法	藤原実資
	積雪草	和気相法	藤原道長
	地菘	医師	藤原実資
	蓮	但波忠明・和気相成・医師	藤原道長・藤原実資
	柳	但波忠明	藤原実資
	桃	但波忠明・和気相成	藤原実資
	楊	医師	藤原道長・藤原実資
	薏苡湯		藤原実資
動物系	牛矢	医師	敦良親王
	鷹矢	和気相成	藤原実資
	猫矢	和気相成	藤原実資小児
	麝香	但波忠明	惟宗貴重
	蘇蜜	定延	藤原道長
鉱物類	雄黄	医師・定延	藤原道長・藤原実資

のは樹木に由来するものが多く、草花に分類されるものは甘草と大豆、積雪草、薏苡湯（薏苡仁）であった。しかし、この大豆は寸白の治療の際に、雄黄を付す療治と同時に服薬治療として用いられているものであり、患部の外的治療としては使用されていない[5]。これにより、外的治療で患部に付す薬としては、樹木に由来するものが多くを占めていたといえよう。結果として、摂関期の貴族や医師は、服薬する薬と外的治療に使う薬を明確に区分していたということが推測される。

さて、服薬していた薬を含めると、貴族は実に多くの薬を使用していたと言える。特徴的な点として、貴族は薬の使用について、ある特定の薬を単独で使用することが非常に多い。つまり、その疾病箇所に対してのみの投薬、或いは患部のみに薬を使用しているだけなのである。例えば、現代で怪我などにより熱が出た場合、患部の治療と同時に飲み薬として解熱薬を処方されることが多い。しかし摂関期の貴族たちは、怪我と発熱、腹痛と発熱といった複数の病状に対して、両方同時に処置を施していない。彼らは、一つの患部のみの治療を単独に行なうだけで、現代のような複合的な治療行為はほとんど行なっていなかった。これはおそらく、貴族にとって治療という概念が、痛む箇所のみを癒すものと認識されていたからではないだろうか。

　では、貴族がこれらの外的治療に使用した薬を、どのような治療時に用いていたかについて考えたい。貴族が行なった外的な治療行為は、およそ表四の通りである。

　そのほとんどが、患部に薬を塗ったり、湿布をしたりするという治療である。鈴木昶氏によると(6)、患部に貼る方法としては湿布と罨法の二種類に分けられる。湿布は、生の葉を洗い細かく刻んだうえに擂り鉢ですりつぶし、水と小麦粉を加えて適度な粘度にしたものを患部に付ける処方、罨法は煎じた温冷の薬に浸した布を、患部に湿布する処方である。これによれば、貴族たちは樹木の葉を千切りし、煎じた液で消毒薬のような使い方で患部を洗ったり、患部に付け包帯などで保護したのではないかと思われる。

表四　貴族が行なった外的な治療行為

疾病	治療行為
腫	蓮・楊・支子汁を付ける
疵	地菘・桑・柳で洗う 柳・蓮の葉で洗う 蜜・鷹矢を付ける 柘榴・桃を付ける
怪我	甘草汁を付ける 猫矢を付ける
寸白	雄黄・石を充てる 支子を付ける 薏苡湯・蓮の葉を付ける 雄黄を付ける・黒大豆汁を飲む

Ⅳ．治療の種類

摂関期の貴族たちは、どのような外的治療行為を行なっていたのであろうか。養老職員令・典薬寮条44によると、典薬寮には侍医や典薬医師のほか、針師や按摩師、呪禁師等が属していた。このような職員が置かれていたこと自体、当時、針灸治療が公に認知されていたことを意味するものである。では針灸等の治療等は実際に行なわれていたのだろうか。次の表五は、古記録に表されている治療方法を抜きだしたものである。

表五　古記録にみえる外的治療方法

治療内容	対象者
沐浴	藤原実資・藤原道長・藤原行成
灸治	藤原実資・藤原行成・藤原顕信・藤原教通・藤原頼宗 源相奉・源経頼・越智経世・藤原公任
針	為尊親王・藤原道長
抜歯	三条天皇
蛭喰	藤原実資・藤原道長

摂関期の貴族たちが行なった治療の種類は、現代の治療行為と比較すれば、もちろん多いとはいえない。これは古記録に所見する疾病の多くが、腫れや疵といった類のものであったため、それに対する治

療も薬効成分を患部に塗布して吸収させる方法が多いことによるのであろう。

それでは、貴族が行なった治療行為のなかで、唯一、生物を使ったと思われる治療法である蛭喰について焦点を当てて考えてみたい。蛭喰とは蛭に患部の皮膚の悪血を吸い取らせて腫物などを治療することをいう。蛭による治療行為は、鈴木昶氏によると、ヨーロッパで古来より広く医用に供されてきた治療法であったらしい。「蛭」は環虫の総称で、体の前後両端に吸盤を持つのが特徴で、吻蛭と顎蛭に大きく二分される。医用の蛭は顎蛭であり、チスイビルともいう。チスイビルの学名である「Hirudo」は、ラテン語では「医者」を意味する言葉であり、自らの体重の二・五倍の大量の血を吸うという。

古記録から蛭による治療の事例を抽出したものが次表である。

表六　古記録に残る蛭喰の事例

	和暦年月日	本文	対象者	
1	長和四年八月十二日	足、尚ほ宜しからざるに依りて、蛭喰す。	藤原道長	御
2	長和五年三月廿六日	所労の足の方を蛭喰せしむ。	藤原道長	御
3	寛仁二年三月廿日	内供、来たりて云はく、「去ぬる夜、頗る休息し、苦痛、少し減ず。然れども憑み思ふべからず。『此の病、苦痛無きを以て、平愈と謂ふべからず』と云々。石治・蛭喰を用ゐるべし」と云々。		小
4	万寿二年七月廿六日	「日ごろ播磨守泰通左手大指腫る。加治し、亦、蛭喰するも、未だ平らがず」と云々。今日、侍医相成、云はく、「昨、罷り向かふ。日ごろ忠明の灸治、已に其の験無し。灸すべき所に灸せず。今、灸すべし」てへり「へうそ」と云々。	藤原泰通	小

5	万寿四年三月十九日	小瘡、太だ堪へ難し。忠明・相成、云はく、「蛭喰すべし」と。	藤原実資	小
6	万寿四年五月二日	小瘡、未だ愈えず。仍りて蛭喰す尻・耳。。秉燭の後、喰ひ了んぬ。心神、乖違し、已に以て不覚。小時くして蘇息す。蛭喰の致す所なり。日来、精進す。無力、殊に甚し。……中将、来たる。即ち関白の読経に参る。又、来たる。蛭喰の間に依りて相逢はず。	藤原実資	小
7	万寿四年五月八日	禅室、頼任朝臣を使はして、蛭喰の間の気上の事を訪はる。簾の前に呼び、相逢ひて返事を申さしむ。	藤原実資	小
8	万寿四年五月十日	一日、蛭喰の間、心神、不覚。仍りて今夜、守道朝臣をして招魂祭を行なはしむ。	藤原実資	小
9	万寿四年五月十五日	蛭喰の後、身力、尫弱にして、参入すること能はず。	藤原実資	小

蛭喰は、『御堂関白記』『小右記』に登場し、『権記』にはみられなかった。道長は、『御堂関白記』長和四年（一〇一五）閏六月十九日条によると、北屋の橋の間に落ちて左足に怪我を負い、前後不覚の状態に陥った。この怪我によって翌日から足が腫れて治療の日々を送ることになった。その治療方法としては、『御堂関白記』長和四年閏六月廿日条によると、蓮や楊等の湯を以て足を洗ったりもしたが効果はなく、廿七日条では、立つこともままならず坐ることもかなわない状態に陥ったことがわかる。そして怪我から約二ヵ月後になって、蛭喰を行なったのである。おそらく、患部が化膿して膿が溜まった状態になったのであろう。その膿自体を蛭に喰わせたのだろうか、それとも腫れた足の血を瀉血することで、腫れを治めようとしたのだろうか。その効果のほどは不明であるが、翌日には参内をはじめ、廿二

日には桂の山荘に遊びに行っているなど、順調に回復している模様が窺われる。

一方、実資の行なった蛭喰治療はいかがなものであったろうか。実資は、表六の5『小右記』万寿四年三月十九日条、及び6『小右記』万寿四年五月二日条にあるように、小瘡の治療法として蛭喰を行なっている。小瘡とはできもの、腫物といった皮膚病をいう。さらに4『小右記』万寿二年（一〇二五）

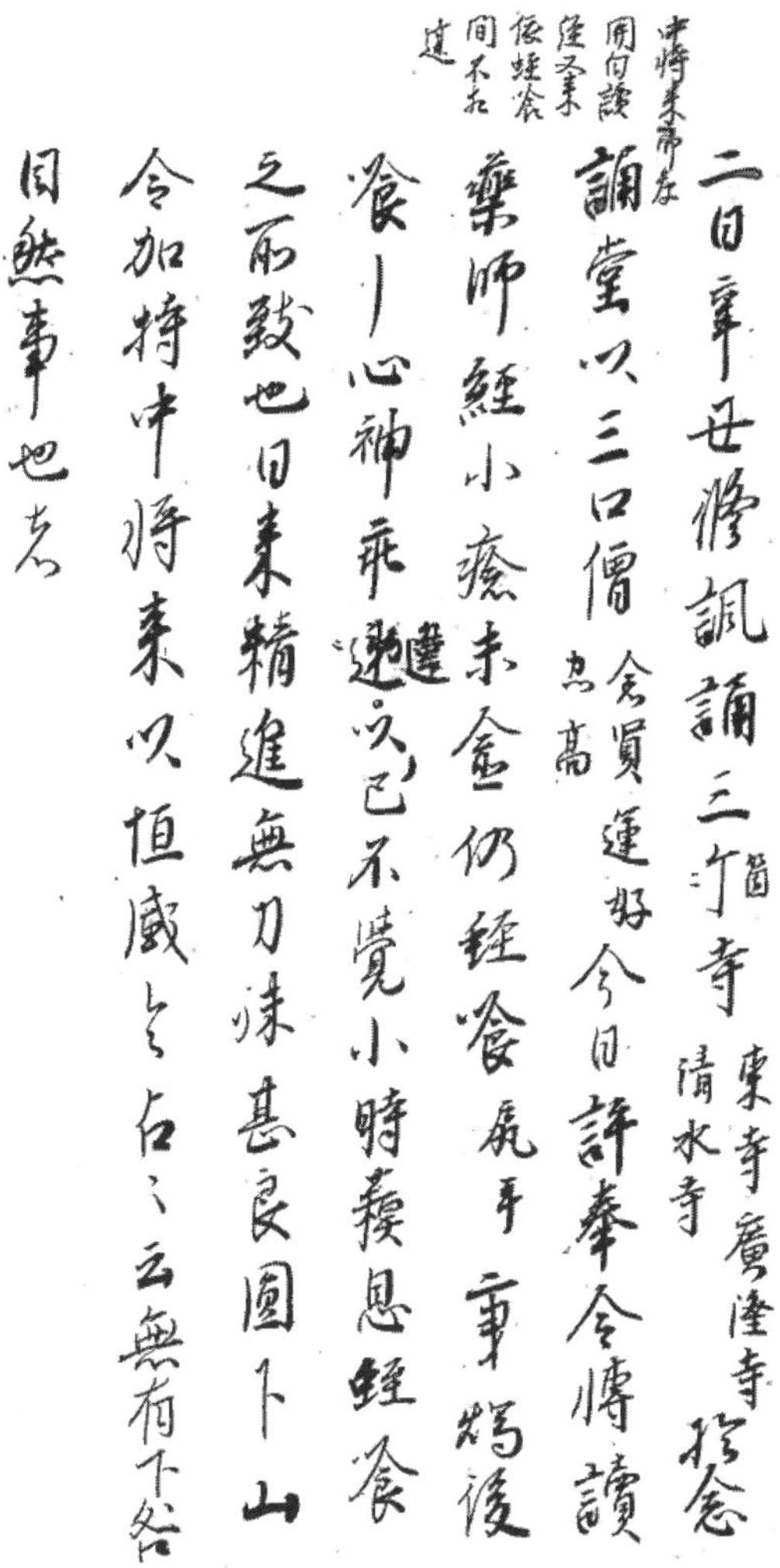

『小右記』（東山御文庫本）万寿四年（1027）五月二日条　蛭喰
宮内庁蔵

七月廿六日条では、藤原泰通がやはり左手の指の腫の治療法として行なっている。つまり、蛭喰とは先にみた道長の足の治療の場合と同様に、摂関期では患部の腫れに対して用いられた治療法であると思われる。

ところで蛭に患部の血を吸い取らせると、蛭の分泌物により、その後一時間程度は止血されず出血が続くそうである。表六の6『小右記』万寿四年五月二日条や、8『小右記』万寿四年五月十日条では、蛭喰治療を行なったのち、実資は「心神不覚」となり人事不省の状態に陥った。また、9『小右記』万寿四年五月十五日条では、蛭喰の後、「身力尫弱」の状態となった。蛭喰という治療が、患者にとって強い苦痛と負担を伴う治療法であったといえよう。

さて、本節では摂関期の貴族たちが疾病時に外的治療を行なった際に、誰を呼んでいたか、そして治療の際にどのような外用薬を使用したか、治療とは具体的にどのような処置を行なっていたか等の問題について考えてきた。

総括すると、まず治療行為を多く行なっているのは、但波忠明と和気相成であった。この二人は、投薬治療と同様に多くの指示を与えていた。投薬と外的治療は、ほぼ同じ医師によって、指示・実施されていたといえよう。

そして、これら貴族たちの治療に関与した医師は、我々が考えているよりも限られた少ない人数であった。医術に関わるものとして養老職員令・典薬寮条44によれば、約百二十四名の定員を有していたことになっているが、実際に貴族邸に出入していたものは、ごく僅かな者たちであり、その少人数の専門医たちによって多くの貴族の診断や治療が行なわれていたと思われる。医師一人に対して、多くの患者の貴族たちがいるという構図である。

また、医師のほか、僧侶なども治療に関わっていたが、それは稀有な例であったと言える。通常、貴族は医師に診断を委ねていたといえよう。

次に、その治療内容についてであるが、貴族たちは、複数の医師に治療方針や見立ての違いを諮問したりしている。それは、複数の治療から、どの療法を採用するかを検討したり、あるいは一方の治療法が正しいかどうかを確認するためであろう。さらにいうならば、自身の納得のいく治療法を自己決定によって採用するという結果を得るためでもあろう。ここで興味深いのは、複数の医師に診断をさせるのは、外的治療の場合のみで、投薬治療については行なわれていないという点である。怪我や疵は突発的に起こり得るもので、日常生活のなかで絶えず経験するものではなく、風病や咳病といった病気のように、日常生活のなかで繰り返し罹病するようなものでもない。そのため、貴族たちの間でその治療方法が経験的に広く知識として共有されておらず、複数の医師に検討させる必要があったのではなかろうか。

そして複数の医師を呼んだ場合、診断に相違が起こる場合もある。しかしながら、貴族たちは医師の診断が分かれるということをあまり想定していなかったように思われる。医師によって診断が異なることは稀であり、通常、医師の治療方針は、一方の処方に自身の処方を追加することはあっても、否定するものではなかったように思う。これは科学的な問題ではなく、医療をめぐる人間関係の問題のなせる業であろうか。

最後に注目すべき点として、貴族たちは医師の提示する治療方針をそのまま鵜呑みにしているのではなく、自身の納得のいく治療法を自分の判断で選択しているような事例も浮かび上がってきた。現代医療において重要な価値観をもつキーワードとして、先述のセカンド・オピニオンとともに注目される概念に、インフォームド・コンセント（informed consent）がある。つまり、医療行為たるものは、医師主導に進められ患者は受け身的に医者の措置を鵜呑みにして受けるだけではなく、患者が自身の病状や治療方法についてすべての情報を開示（informed）された上で、自己決定によって自分の納得のゆく治療法を合意（consent）の上で選択するという概念である。平安貴族たちの医療の場においても、ある種のインフォームド・コンセントが成り立っていたと評価することができると考えられよう。

第二章　王朝貴族の病悩〜文学作品と古記録の比較〜

本章では、文学作品と古記録に記された疾病を比較する。平安時代の貴族の疾病に関する総合的な研究としては、服部敏良氏の『王朝貴族の病状診断』が挙げられる。[1] このなかで服部氏は、主に歴史物語等の文学作品を使用して、自ら医師である立場から、当時の医療制度、及び疾病について概観する広範な研究をされている。しかしながら、服部氏が文学作品に依拠して論述した平安時代の疾病の症状や容態は、古記録に記述されたそれと同じであったと言えるであろうか。以下、この点について検討していくことにする。

服部氏の著書のなかでは、次のような疾病が扱われている。

Ⅰ．風病　Ⅱ．寸白　Ⅲ．飲水病　Ⅳ．もののけ　Ⅴ．二禁
Ⅵ．眺腫　Ⅶ．瘧病　Ⅷ．霍乱　Ⅸ．腹病　Ⅹ．胸病

これらの疾病に関して、文学作品として『栄花物語』『大鏡』『今昔物語集』の三つの文学作品と、歴史史料として『御堂関白記』『小右記』『権記』の三つの古記録を使用し、それぞれの疾病の病状や、それに対する治療行為について比較・検証を行なうことにする。その作業を通じて、上記の疾病の実際の

症状が、どのようなものであったのかを明らかにしたい。

一般的に、文学作品には疾病の容態や状況が非常に細かく書かれているが、それらは創作された部分や、誇張表現が多く、すべてを真実として受け容れるわけにはいかない。一方、古記録には病状に関する真実が記述されているとは考えられるが、詳細な容態を記した部分は少ない。このように対照的な特徴を持つ文学作品と古記録を、同等に、かつ並列的に比較して論及することは容易ではない。

本書では、古記録にみえる疾病を中心に据えて考察する立場をとることとし、文学作品はあくまで古記録に書かれない疾病の様子を窺い知る上での、一つの参考資料と見倣して使用することにしたい。

I．風病

風病とは、非常に広い意味合いを持つ疾患であり、現代の風邪の如き症状から、その他の様々な疾病の症状も包含したものとされる。現代の風邪がその症状を限定的に特定できていないのと同様に、風病もその症状や原因を明らかに特定することができない。第一章でも確認したが、再度、風病に対する服部氏の見解を確認しておきたい。

風病と称するものが、それぞれの症状、あるいは原因によって区別され、それに一々病名がつけられて、風病から除外されるようになると、あとに残るものは当時の医師達にまったく不可解な病気と考えられていた神経系統の病気や症状の不特定な感冒性疾患であり、これらが一応風病として残

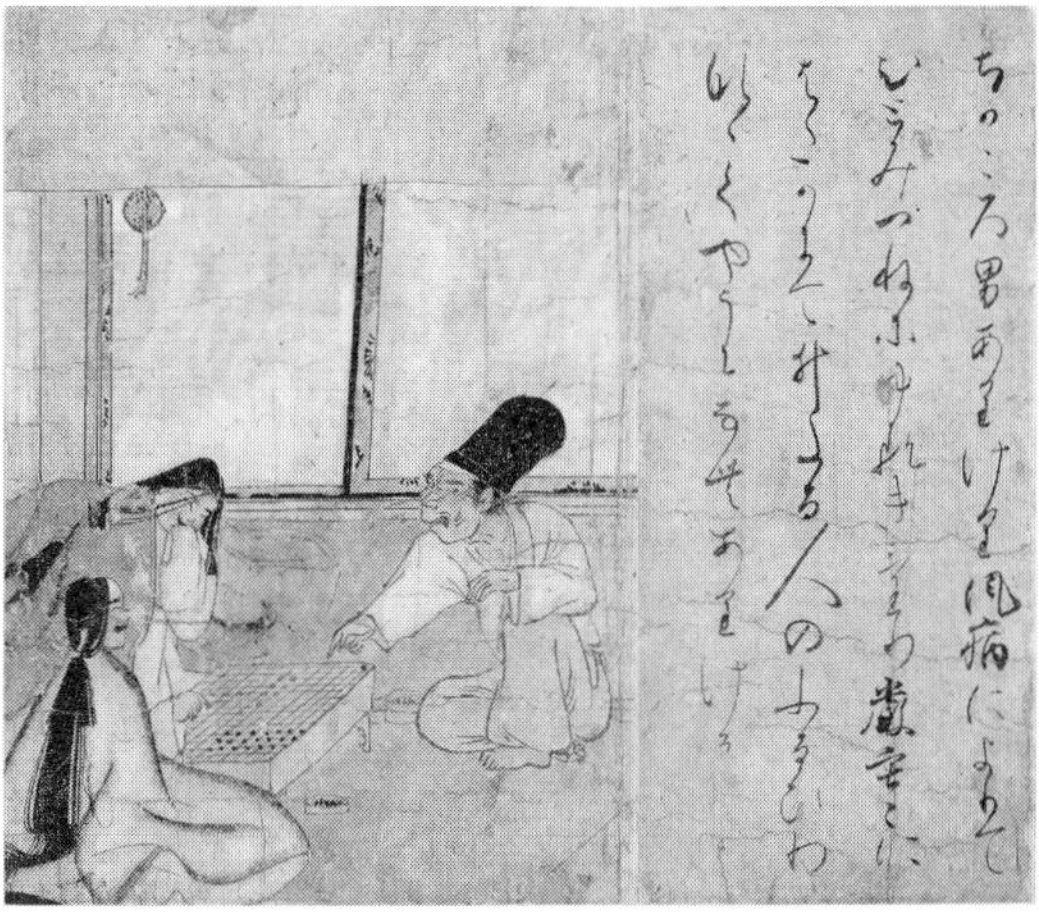

『病草紙』　風病に悩む男　京都国立博物館蔵

されることになった。

つまり、症状から病名が判断できるものを除いていき、残りの病名がはっきりしないものを風病としているのである。風病がいかに不確定なものであったかがわかる。

では、服部氏が著書のなかで風病の例として採り上げている『栄花物語』『大鏡』の事例について、まず確認していくことにしたい。次の①から⑭は、服部氏が風病を示す根拠として引用した部分である。

『栄花物語』

①巻第一　月の宴

かかるほどに、九条殿悩ましう思されて、御風などいひて、御湯茹などし、薬きこしめして過ぐさせたまふほどに、まめやかに苦しうさせさせたまへば、宮も里に出でさせたまひぬ。

②巻第一　月の宴
摂政殿もあやしう風起りがちにておはしまして、内裏にもたはやすくは参りたまはず。

③巻第二　花山たづぬる中納言
たびたび「大臣參らせたまへ」と内より召しあれど、みだり風などさまざまの御障りどもを申させ給ひつつ、參らせたまはぬを、……下略

④巻第四　みはてぬゆめ
関白殿、御心地なほあしう思さるれば、御風にやなど思して、朴などまゐらすれど、さらにおこたらせたまはず、起き臥しやすからず思されたり。

⑤巻第十二　たまのむらぎく
大將殿日ごろ御心地いと悩ましう思さる。御風などにやとて、御湯茹でせさせたまひ、朴きこしめし、「御読経の僧ども番かかず仕まつるべく」などのたまはせ、明尊阿闍梨夜ごとに夜居仕うまつりなどするに、御心地さらにおこたらせたまふさまならず、いとど重らせたまふ。

⑥巻第十二　たまのむらぎく

なほこの殿は、小さうよりいみじう風重くおはしますとて、風の治どもをせさせたまふ。

⑦巻第十六　もとのしづく

寛仁三年四月ばかりに、堀河の女御明暮涙に沈みておはしませばにや、御心地も浮き、熱うも思されて、例ならぬさまにてあり過ぐさせたまふほどに、いと悩ましう思されければ、御風にやとて、茹でさせたまひて上らせたまふに、御口鼻より血あえて、やがて消え入りたまひぬ。

⑧巻第二十三　こまくらべの行幸

「年ごろ公私のさるべきをり参り仕うまつるに、このたびの御布施のやうにめでたことはなん、まだ見たまへざりつる。ごろの風病ことわり申してまかりさりぬべかめり」と申したまふ。

⑨巻第二十五　みねの月

このごろ入道殿も、御風など起らせたまひて、さまざま悩ましう思さるれば、すがすがしくもえ渡りあひ見たてまつりたまはずなどあるに、……下略

⑩巻第二十八　わかみづ

かかるほどに、大宮の御前怪しう悩ましう思されて、ともすればうち臥させたまふ。御面赤み苦し

うて、御足たたかせて起き臥させたまふ。「心得ぬ心地かな」とのたまはせつつ、起き臥させたまひて、この御事をあつかはせたまふ。御風にやと朴きこしめさせなどすれど、同じ様におはしまして、かくて四五日にならせたまひぬ。

⑪巻第三十　つるのはやし

ついたちより、あやしう例ならぬ風にやとて、朴まゐり、湯茹でなどしてこころみたまひけれど、いと苦しうのみ思されければ、……下略

⑫巻第三十九　布引の瀧

かくて今の右の大殿、十余日より風起らせたまひて、日ごろになれど、さらにおこたらせたまはず。

『大鏡』

⑬第一巻　六十七代　三条院

もとより御風重くおはしますに、医師どもの、「大小寒の水を御頭に沃させたまへ」と申しければ、凍りふたがりたる水を多くかけさせたまけるに、いといみじくふるひわななかせたまて、御色もたがひおはしましたりけるなむ、いとあはれにかなしく人々見まゐらせけるとぞうけたまはりし。御病により、金液丹といふ薬を召したりけるを、「その薬くひたる人は、かく目をなむ病む」など人

は申ししかど、……下略

『今昔物語集』

⑭巻第六　「震旦并洲道如、書写方等生浄土語」第三十七

而る間、道如、年六十一にして俄に風病に値て、一月余を経て死ぬ。三日を経て活て、語て云く、「我れ、初め死し時、見れば、忽に観音・勢至来り給て、我れに教へて宣はく、『汝ぢ、浄土の業を不修ずして、亦、大乗方等十二部経の名字許を聞けり。此の故に罪少し。此の事を告げむが為に、我等遠くより来れり。汝ぢ命未だ不尽ず、此れより後十二年有て、浄土に可生し』と。道如、此れを聞て、合掌して涙を流して歓喜する間に活れり」と語る。

これらの事例から、当時の貴族たちの間で、風病という疾病が一般的に認識されていたことがわかる。その対処として湯茹という治療法や、治療薬として朴が多用されていたことが窺える。しかし、これらは創作された物語のなかでの行動であるので、参考程度に見做しておきたい。風病の病状としては、⑦「熱」、⑩「御面赤み」といった表現がみられるが、その症状を詳しく窺い知ることはできない。

それでは次に、古記録に記述された風病について確認していくことにする。服部氏も指摘しているように、『御堂関白記』では風病について、「風病発」といった簡潔な表現のみの場合が多く、その実体についても明記されていない。『権記』には風病の記述は三つしか見えず、その詳細もわからなかったが、

『小右記』には、比較的記述が多く残されている。そこで、『御堂関白記』と『小右記』の風病について比較していくことにする。次の表一は、前述の三つの古記録に所見する風病に関する記事をまとめたものである。

表一　『御堂関白記』『小右記』『権記』にみえる風病

	和暦年月日	本文	対象者	
1	長保三年九月十五日	只今、風病、発動せんと欲す。	藤原道長	権
2	長保五年十二月十一日	而るに今・明、物忌の内、風病、発動す。	藤原行成	権
3	寛弘元年閏九月十九日	申時、女方、悩気有り。是れ風病なり。	源倫子	御
4	寛弘二年十二月四日	風病、発る。	藤原道長	御
5	寛弘三年八月三日	巳時に及び、風気有り。	藤原道長	御
6	寛弘四年十二月廿六日	風病、発動し、遅参の間、亮通任朝臣、来たる。	藤原道長	御
7	寛弘六年四月六日	而るに主上、御風病を発さしめ給ふ。	一条天皇	権
8	寛弘七年八月三日	日来、風病、発る。今日、宜し。	藤原道長	御
9	寛弘七年十二月廿三日	風病、発動するに依り、参らず。	藤原道長	御
10	寛弘八年正月一日	節会、申時、初む。風疾、発動するに依り、内弁を右府に付して、罷り出づ。	藤原道長	御
11	寛弘八年十一月廿日	風病、発動すと雖も、中宮に参る。猶ほ悩むに依り、退出す。	藤原道長	御
12	寛弘八年十一月廿四日	日来、風病、発動し、他行せず。	藤原道長	御
13	長和元年四月十九日	昨日より御風発る。例に非ず御するに依るなり。	三条天皇	御
14	長和元年四月十九日	「主上、昨の巳・午剋ばかりより御悩気有り。是れ御風病。今日、殊	三条天皇	小

		なる事、御さず。然れども猶ほ、尋常に御さず。左府、参入せらる。頗る悩気有り」てへり。		
15	長和元年七月十三日	女房、云はく、『御風病、発り御す』と云々。	三条天皇	小
16	長和元年十一月廿日	舞姫両三、昇る後、風病、発動するに依りて、退下す。	藤原道長	御
17	長和二年四月十日	風病、発動す。	藤原道長	御
18	長和三年十二月廿五日	左大臣、宿衣を着し、中宮に参らる。諸卿、参入す。予、同じく参り、謁談有り。命せて云はく、「日ごろ、風病、発動す。手足、冷ゆること、金のごとく、心神、太だ悩む。中宮の姫宮、悩気坐す由を承るに依り、相扶けて参入する所なり」と。	藤原道長	小
19	長和四年六月二日	昨日より風病、発動す。	藤原道長	御
20	長和四年六月二日	而るに『左相府、去ぬる夕より悩気有る由』と云々。仍りて彼の殿に参る。頭打ち、頗る悩む由、命せらる。	藤原道長	小
21	長和四年六月五日	風病、発動の由を奏せられ、参入せられず。御目、快く覧ぜず。	藤原道長	小
22	長和四年六月七日	「左相府、風病を労かる。今日、簾外に出で給はず」	藤原道長	小
23	長和四年十二月九日	資平、内より罷り出でて云はく、「主上、今日、御心地、宜しく御さず。御風病に似る。又、御面、赤し。若しくは御邪気か。……」と。	藤原彰子	小
24	長和五年二月廿三日	一両の卿相、云はく、「摂政、風病を労かれ、客亭に出で給はず」てへり。	藤原道長	小
25	長和五年二月廿四日	資平、云はく、「摂政、風病を労かる。宇佐宮の御幣・神宝宣旨、小臣に下すべき由、摂政、命有り」と。	藤原道長	小
26	長和五年八月十七日	一条に行く。風病、発り悩み給ふ。	三条天皇	小
27	寛仁元年三月廿七日	風病、発動す。心神、宜しからず。	藤原道長	御
28	寛仁元年十二月三十日	宰相、来たりて云はく、「昨・一昨、慎しむ所有る上、風病、発動す。蟄籠、服せば、元正、籠居すべし。仍りて相扶けて太相府并びに摂籙	藤原資平	小

		殿等に参るべし」てへり。		
29	寛仁二年正月廿五日	其の後、風病、発動す。心神、宜しからず。	藤原道長	御
30	寛仁二年正月卅日	日来、風病、発動す。今日、宜しきに依り、大内、并びに中宮に参る。	藤原道長	御
31	寛仁二年四月廿日	御風を発し給ふ。是れ日来、氷を召すに依るなり。然れども殊なる事、御すこと無し。	後一条天皇	御
32	寛仁二年五月十七日	宰相、晩に臨み、来たりて云はく、「摂政殿に参る。風病、発動する由を云ひ出さる。大殿、講説の席に出で給ふこと、尋常のごとし」と。	藤原頼通	小
33	寛仁二年十二月四日	去ぬる二日より、心神、宜しからず。夜、寝ず。吉平、占ひて云はく、「咳病の余気の上、風病、発動す」てへり。	藤原実資	小
34	寛仁四年十二月三日	日来、風病、発動す。内に参ること能はず。	藤原実資	小
35	寛仁四年閏十二月廿七日	匠作、云はく、「今朝、関白殿に参る。風病、発り給ふ」と云々。	藤原頼通	小
36	治安三年正月十六日	禅林寺僧正、弟子僧を差し、示されて云はく、「昨日より風病、発動す。例に従ふこと能はず。夜間、相試む。頗る宜しからば、明日、東寺に参るべし。若し今のごとくんば、之を如何為ん」てへり。	深覚	小
37	治安三年正月廿二日	関白、権左中弁経頼を使はし、消息せられて云はく、「明日、除目有るべき由、先日、章信を以て聞く所。而るに此の一両日、風病、発動す。今日、頗る宜しと雖も、事に随ふべからず。明日の除目、今のごとくんば、奏し行なふべからず。但し、夜間の状に随ふのみ」てへり。	藤原頼通	小
38	治安三年五月十二日	宰相、一昨の夕より、風病、発動し、煩ふこと有り。今日、来たりて云はく、「昨朝、太だ苦し。晩頭より尋常を得」と。	藤原資平	小
39	治安三年十一月十九日	今日の臨時祭、風病、重く発るに依り、参入せず。	藤原実資	小
40	治安三年十一月廿一日	次いで関白の御消息を伝へて云はく、「臨時の御神楽に候じ、暁更、退出す。風病、発動し、内に候ずること能はず」てへり。	藤原頼通	小

41	治安三年十二月廿二日	一昨日より拾遺の風病、重く、不覚。	藤原経任	小
42	万寿四年三月四日	余、未剋ばかりより心神極めて悩む。飲食を受けず。霄〔宵〕を通し辛苦の所、暁更、頗る宜し。疑ふ所、風病の発動か。	藤原実資	小
43	万寿四年五月十九日	昨より痢病、発動す。今日、減ずること有り。風病の致す所なり。恒盛、占ひて云はく、「祟り無し、風気なり。」てへり。	藤原実資	小
44	万寿四年十月廿八日	昨の戌時ばかり、心神、太だ悩む。通夜、諸に乖る。暁旦に臨み、弥よ苦し。恒盛を以て占はしむ。云はく、「風病の致す所」てへり。朴皮を服す。辰剋ばかりより頗る宜し。又、湯治を加ふ。諷誦を六角堂に修す。出行すべきに依る。	藤原実資	小
45	万寿四年十一月十日	暁更、呵梨勒二十丸を服す。風病、相剋す。心神、無力。新たに瀉す。頗る安慰す。	藤原実資	小
46	長元元年九月廿八日	中将、去ぬる夜、悩み煩ふ。今朝、頗る宜し。陰陽属為俊、占ひて云はく、「風病の上、邪気、竈神、祟りを加ふるか。」と。	藤原資平	小
47	長元三年五月四日	「……相成を召す問、風病、療治す。随所、其の治を加ふべしと申す。」てへり。□剋、寝ず。今旦、刹那の間、息を打つ。其の後、頗る宜し。痢、猶ほ不快。巳時以後、漸く尋常を得。仍りて読経を念誦す。	藤原実資	小
48	長元四年七月二日	去ぬる夕、亜将、悩気有り。風病に似る。但し、頭打ち頗る熱、時疫か。	藤原資房	小
49	長元五年正月廿三日	頭中将隆国、来たりて、関白の御消息を伝へて云はく、三日の行幸の日、風病、重く発る。強ひて以て相扶けて事に従ふ。其の後、七日の節会に参入す。弥よ以て発動す。是れ風病に非ず。先年□□納言の時、所労、此くのごとし。彼の時、二十余日に及ぶ煩ひを経る、其の心地のごとし。	藤原頼通	小

服部氏は、藤原道長の『御堂関白記』長和四年（一〇一五）六月二日条の病状を、『小右記』の同日条と比較することによって、頭痛が風病の主症状だと診断している。表一の19と20の史料である。『御堂関白記』長和四年六月二日条によると、道長は、

昨日より風病、発動す。

とあり、昨日から風病が発動したとある。一方、『小右記』同日条には、

而るに『左相府、去ぬる夕より悩気有る由』と云々。仍りて彼の殿に参る。頭打ち、頗る悩む由、命せらる。

とあり、昨日以来、道長をひどい頭痛が襲っていたことがわかる。『御堂関白記』には風病の内容が示されていないが、この『小右記』の記事を根拠に服部氏は、その主症状を頭痛であると推断したのである。頭痛が風病であるとするならば、他の事例もそうであるのだろうか。確認してみたい。古記録から、先の例に類似した頭痛に関する事例としては、次の三件がみつかった。

①『小右記』長元四年（一〇三一）七月二日条（表一―48）

去ぬる夕、亜将、悩気有り。風病に似る。但し、頭打ち頗る熱、時疫か。

②『小右記』寛弘二年（一〇〇五）二月廿六日条

資平、今暁より、頭打ち、身熱く、臥し煩ふ。若しくは是れ、咳病の序病か。日来、天下の人、貴賤を論ぜず、悩み煩ふ所なり。

③『小右記』長和四年七月十二日条

早朝、資平、言ひ送りて云はく、「去ぬる夕、内に参る。御物忌に籠り候ず。夜半ばかり、心神、俄かに悩み、痢病、発動す。疑ふ所は霍乱か。今旦、退出す」てへり。子細、案内を問ふに、「専ら霍乱に非ず。頭打ち、身熱く、心神、甚だ苦し」てへり。若しくは是れ、時行か。

①の『小右記』長元四年七月二日条では、藤原資房の体調不良を、風病に似ているが頭痛と発熱を伴うので、当時の流行病を意味する時疫かもしれないとしている。この事例からは、風病という症状が本来は頭痛と発熱を伴なわないとみるべきであろうか。

ところで、先の事例で資房が時疫を疑った理由として、この当時に流行病が蔓延していたことが、『小右記』に示されている。

『小右記』長元四年三月二日条
恒例の年首の善。偏に是れ、時疫を攘はんが為。
『小右記』長元四年三月十一日条
是れ年首の例善、時疫を攘はんが為、修する所なり。

これにより、当時流行病が蔓延していたこと、そして修善を行ったことがわかる。

続いて②の『小右記』寛弘二年二月廿六日条では、藤原資平の発熱を伴う頭痛が、咳病ではないかと疑っている。次いで③の『小右記』長和四年七月十二日条では、資平が下痢の症状である痢病を患った際に、霍乱を疑い事情を問うが、それは霍乱ではなかった。その後、発熱を伴う頭痛が起こり、これは時疫と同義の時行ではないかと自己診断している。

発熱と頭痛から想起される疾病について、①では時疫、②では咳病、③では時行を、それぞれ疑っている。つまりこれらの事例から、「頭痛＝風病」という構図は単純には成り立たないと思われる。服部氏は、風病の主症状は『小右記』長元四年六月二日条の道長の状態を「頭打」とする記述を根拠として、頭痛であるとしているが、これをのみ根拠としてこの病気を風病であると推断することは難しいと言えるのではないだろうか。

道長自身、日記に「風病」という表現を使ってはいるが、この風病が大変広い意味を持つことは、先ほど確認した通りである。風病には頭痛の症状も含まれるが、頭痛であるから風病であるとはいえないであろう。

さて、服部氏は、左に挙げた『小右記』の藤原実資の症状を根拠に、風病を熱発・頭痛・食不振を主訴とする感冒であったとも診断している。

④『小右記』長保元年（九九九）九月十四日条
昨の酉剋ばかりより、心神、亦、乱る。身熱く、辛苦す。風痾の疑ひ有るに依り、早旦、沐浴す。今夜、蓮舫阿闍梨を枕上に居ゑ、祈誓せしむ。今日、飲食、殊に受けず。

⑤『小右記』長保元年（九九九）九月十五日条
今暁より身の熱、頗る消ゆ。夜半より頭打つ。

⑥『小右記』長保元年九月十六日条
悩む所、暁より頗る宜し。

⑦『小右記』長保元年九月十七日条
暁方より心神、例に復す。

実資は、十四日に発熱を伴う身体の不調により風痾を疑い、治療として沐浴を行なっている。翌日、熱は下がったが頭痛が発った。そして十六日以降、体調が回復してきたことがわかる。服部氏は実資が感冒の症状である風病であったと診断しているが、右の事例では、風病とも風病でないともいえないと思われる。但し、頭痛を伴う身体の変調を、当時の貴族たちが風病と関連付けていたとは推察される。

ところで、④『小右記』長保元年九月十四日条の「風痾」という表現は、風病と同義であると思われるが、この表現は古記録のみにみえる。当時の貴族たちは、風病のことを「風痾」とも呼んでいたのであろう。

以上みてきたように、風病とは単独の症状のみならず様々な症状を含むため、当時の貴族たちや医師も、その症状から風病を判断することは実に難しい作業であったと思われる。

最後に、風病が様々な症状を含む例として、次の二つの事例を掲げておきたい。

23『小右記』長和四年十二月九日条
御風病に似る。又、御面、赤し。若しくは御邪気か。

42『小右記』万寿四年（一〇二七）三月四日条
飲食を受けず。……疑ふ所、風病の発動か。

23『小右記』長和四年十二月九日では、三条天皇が、熱のためか顔面が火照り、それは風病の症状に似てはいるものの、邪気によるものではないかと診断されている。一方、42『小右記』万寿四年三月四日条では、実資は飲食もままならず風病に罹ったかと疑っている。

結論として、風病には先に挙げたような感冒症状も含まれていることが分かった。恐らく咳や下痢といった直接判断しやすい症状以外のものを、当時の貴族たちは風病として呼んでいたのではないかと推察される。

Ⅱ．寸白

寸白という疾病に対する服部氏の見解は、次の通りである。

平安時代には寸白は本来条虫症のことを言うのであるが、やがて蛔虫もまた寸白と呼び、さらにこれが転化して局所的・全身的な腫張のごときものもまた寸白と称し、さらに疝通のごときをも寸白と称するに至った。

この寸白について、『諸病源候論』(2)には、寄生虫の形状や治療法が示されている。『類聚倭名抄』(3)にも同様に寄生虫である蛔虫の形状について示されている。これらの書物から、寸白の病因は寄生虫である条虫・回虫であることが理解されるが、それでは寸白が体内に寄生すると、どのような症状が表れるのであろうか。医書にも寸白は寄生虫であると記述されているものの、その諸症状は記述されておらず不明のままである。

文学作品や古記録には寸白を患った事例が残されており、容態や治療行為も記述されている。それでは文学作品や古記録から、寄生虫が病因である寸白に罹ることによって、貴族たちの身体にどのような症状が表れたのか、また貴族たちは寸白をどのような疾病として認識していたのかについて、考察していきたい。

文学作品では『栄花物語』と『今昔物語集』に寸白の表現がみつかった。

『栄花物語』

①巻第七　とりべ野

かかるほどに、女院ものねせさせたまひて、悩ましう思しめしたり。殿御心惑はして思しめし惑はせたまふ。はかなく思しめししに、日ごろになれば、わが御心地に、いかなればにかと、心細う思さる。内にも、例ならぬさまに思ほしのたまはせしものを、いかがおはしまさんと思しめすより、やがて御膳なども御覧じ入れさせたまはず、よろづにおぼししめりたるを、御乳母たちもいかがと見たてまつる。中宮若き御心なれど、この御事をさまざまにいみじう思さる。殿、「今は医師に見せさせたまふべきなり。いと恐しきことなり」とたびたび聞えさせたまへど、「医師に見すばかりにては、生きてかひあるべきにあらず」と心強くのたまはせて、見せさせたまはず。御有様を医師に語り聞かすれば、「寸白におはしますなり」とて、その方の療治どもを仕うまつれば、勝るやうにもおはしまさず。日ごろになりぬればにや、汁などあえさせたまへれば、誰も心のどかに思ほし見たてまつるに、ただ御物の怪どものいといとおどろおどろしきに、御修法數をつくし、おほかた世にあるかたの事どもを、内裏方、殿方、院方など三方にあかれて、よろづに思ほしいそぎたり。

『今昔物語集』

②巻第二十四「行典薬寮治病女語」第七

今昔、典薬頭□と云人有けり。道に付て止事無キ医師也ければ、公私に被用たる者にてなむ有ける。

而る間、七月七日、典薬頭の一家の医師共并に次々の医師共下部に至まで一人不残寮に参り集て逍遥しけり。庁屋の大なる内に長筵を敷満て、其に着並て、各一種の物酒などを出して遊ぶ日也けり。

其時に、年五十計の女の無下の下衆にも非ぬが、浅黄なる張単賎の袴着て、顔は青鈍なる練衣に水を裹たる様にて、一身ゆふ〳〵と腫たる者、下衆に手を被引て、庁の前に出来たる。頭より始めて此を見て、「彼れは何にぞ、何ぞ」と集て問ふに、此腫女の云く、「己れ、此腫て五六年に罷成ぬ。其を、『殿原に何かで問申さむ』と思へども、片田舎に侍る身なれば、『其御せ』と申さむに可御きにも非ねば、何で殿原の一所に御座集たらむ時に見へ奉て、各宣む事を承らむと思ふ也。独々に見せ奉れば、各心々に宣へば、何に可付にてか有らむと思へて、墓々しくも被治不侍を、其に、今日此集給ふと聞て、参たる也。然れば、此御覧じて、可治からむ様被仰よ」と云て、平がり臥す。

典薬頭より始て皆此を聞くに、「賢き女也。現に然る事也」と思ふ。頭の云く、「いで、主達、彼れ治し給へ。此は寸白にこそ有ぬれ」と云て、中に美と思ふ医師を呼て、「彼れ見よ」と云へば、其医師寄て、此を見て云く、「定て寸白に候ふめり」と云ふ。「其をば何が可治」と。医師の云く□抜くに随て、白き麦の様なる物差出たり。其を取て引けば、綿々と延れば長く出来ぬ。出るに随て庁の柱に巻く。漸く巻くに随て、此の女顔の腫□て、色も直り持行く。柱に七尋八尋許巻く程に、出来畢て残り出来ず成ぬ。時に、女の目鼻直り畢て、例の人の色付に成ぬ。頭より始めて若干の医師共、皆此を見て、此女の此来て病を治しつるを感じ讃め喤る事無限。其後女の云く、「然て次には何が可治」。医師、「只薏苡湯を以て可茹き也。今は其より外の治不可有」と云て、返し遣てけり。

昔は此様に下臈医師共の中にも、新たに此病を治し愈す者共なむ有ける、となむ語り伝へたるとや。


『栄花物語』①は、服部氏が、寸白の症状の一つが腫物であると確定する根拠とした事例である。この記事には、東三条女院が腫物のため発熱し、その原因を医師に訪ねると寸白であると診断されたとある。服部氏は、東三条女院が腫物であったとする理由として、『小右目録』第二十・長保三年（一〇〇一）閏十二月十日条の「女院令レ損二腫物一事、」を引き合いに出し、両者を比較することによって、当時の医師たちが腫物を寸白の一種であると考えていたとしている。しかしこれは失考といわざるを得ない。なぜなら『栄花物語』と『小右目録』の原史料は異なるからである。特に創作された作品である『栄花物語』に関しては、史実を記したとは限らず、腫物と寸白を単純に結びつけることはできないと言える。確かに東三条女院は腫物を患っていたとは思われるが、創作された話のなかに登場する医師の診断を基に寸白と確定することは、明らかに問題があるといえないだろうか。

一方、古記録では寸白について、どのように記述されているだろうか。寸白という表現は、『御堂関白記』『権記』には見当たらず、『小右記』にのみみられる。実資はその生涯において多くの疾病を患っているが、なかでもこの寸白は幾度となく彼を悩ませた疾病の一つであったと思われる。では『小右記』に記述された寸白について、その症状をみていくことにしたい。次表は『小右記』に記述された寸白の事例のなかでも、特に症状や発症箇所等が記されている部分について一覧にしたものである。

表二　『小右記』に記された寸白

	和暦年月日	本文	対象者
1	長和元年四月廿八日	皇太后宮、日ごろ寸白を悩み給ふ「御頬」と云々。。只今、痛み悩み給ふ由、一両度、御消息有り。	皇太后宮
2	長和二年五月七日	一昨の夕より、右方の頬、腫れ、昨・今、弥よ腫る。疑ふ所、寸白か。	藤原実資
3	寛仁元年八月廿九日	余、左方の頬、腫る。寸白の為す所。仍りて内に参らず。	藤原実資
4	寛仁元年十月十六日	所労有り、参るべからざる由を答ふ。左方の頬、聊か腫るるなり。寸白、為す所。	藤原実資

5	寛仁二年十二月十七日	余、寸白、面上に腫るるも、頗る宜しきに依り、参入す。而るに風気に依り、弥よ腫る。仍りて朝講、未だ了らざる間、退出す。	藤原実資
6	寛仁二年十二月廿日	障りを申す人、余面上の寸白、腫る。・朝経。	藤原実資
7	寛仁三年正月十八日	今日の賭射、所労有りて参らざる由、蔵人頭左中弁経通に示し遣はし了んぬ。其の後、蔵人右少弁資業、内豎を以て、早く参るべき由を示し送る。所労有りて参入すること能はざることを申さしむ。又、宰相、束帯して来たるなり。面上の寸白に依りて参らざる事を披露すべき由を言ふ。	藤原実資
8	寛仁三年三月十三日	今日、石清水臨時祭。寸白、発る由を称し、参入せず。背に聊か熱有り。定延を招き、見しむ。「雄黄を付すべし。又、石を以て充つべし」てへり。即ち件の治等を加ふ。余、思ひ得て支子を傅す。験有り。	藤原実資
9	万寿元年十月十九日	内府、朝座、了りて退出す。面の上の寸白、猶ほ腫気有り。仍りて早く出づるか。	藤原教通
10	万寿二年三月十四日	檳榔子を林懐僧都に送る。旧年より食せず、五体、腫れ悩む。寸白の治を加ふ。檳榔子を求め得ざる由、一昨、永真師、来たりて告ぐ。仍りて之を送り遣はす。	林懐僧都
11	長元元年九月廿二日	今日、飲食、多く例に減ず。左股の内、太だ痛し。相成朝臣に問ふ。申して云はく、「寸白か。雄黄を傅す。即ち傅し、黒大豆汁を飲むべし」てへり。陰陽属為利を以て占はしむ。申して云はく、「偏に風、発動す」てへり。	藤原実資
12	長元四年九月廿六日	維時朝臣、直方を以て十六日の入洛の由を申し送る。「身病有り。岡屋に罷り着す。進退、惟谷。臂、大いに腫る。為す術無し」てへり。医師、云はく、「寸白」と云々。	平維時

右表の史料を確認しても、寸白を病因とする症状がどのようなものであるかは、相変わらず不明とい

わざるをえないが、寸白の症状の一つと考えられる腫物の事例が何件かみつかった。当時の貴族たちの腹中には、寄生虫が常駐していたと考えるのがむしろ普通である。貴族たちは、寸白という原因とは関係なく、腫物を病んでいただけかも知れないが、いつのまにか混乱や混同がおこり、貴族たちにとって腫物が寸白という関連づけがなされてしまったのはなかろうか。

服部氏も「当時の医師は条虫についての深い知識がなく、条虫・蛔虫等のごとき症状を寸白の故と考えていたが、のちにはこのような症状があれば、その原因の如何を問わず、すべてこれを寸白と言う病気とした」と指摘している。本当の症状が当時の医師にもよく理解されていないという事情もあり、貴族たちの発想として、「腫物＝寸白」と認識されていたと推測される。だが、本来的に「腫物＝寸白」とは言えないであろう。

医師ですら混乱をしていた観がある寸白であるが、表二では、寸白と断定している事例が十件、「寸白歟」と疑問視しているものが二件あった。右表は古記録における寸白の史料すべてではないが、寸白という病名が、当時の医師や貴族たちに幅広く利用され、寸白は腫物の病であると認識されていたことがわかる。

さて、寸白の発症箇所はどこに多いかというと、右表では「頬」や「面上」がその多くを占め、「五体」や「左股」「臂」という箇所もあった。寸白による腫物は、主に上半身に発生すると考えられるが、その多くは顔に発生するようである。

結論として、医書から寸白が寄生虫による疾病であることは確認されたが、古記録ではその主症状として腫物が多く見られた。これは、もともと寄生虫を保有していた貴族たちが、いつしか「寸白＝腫物」と混同していたことによるのではないだろうか。寸白とは身体の一部が腫れる症状が含まれると考えられるが、身体に表れた腫物が、本当に寄生虫によるものであるとは断定できないといえよう。

Ⅲ．飲水病

飲水病とは、その名の通り多量の水を欲し、それにより多尿を催す病であり、現代の糖尿病に相当すると考えられている。貴族が多量の水を摂取したことは後で確認することにして、まず現代医学の観点では、糖尿病がどのような症状を指しているのか確認したい。糖尿病は現代の生活習慣病の代表格であるが、『医学大辞典』(4)では、次のようにある。

インスリンの絶対的もしくは相対的不足により引き起こされる、持続的高血糖状態。原因としては、遺伝的因子と環境的因子の両方がいわれている。多因子遺伝疾患であり現在多数の候補遺伝子が報告されている。環境因子としては、肥満、過食、ストレス、薬剤、ウイルス感染などがある。自己免疫的機序により発症する1型糖尿病と、それ以外の原因による2型糖尿病に大別できるが、後者がその大半を占めている。病状の進行や長期の罹病期間により糖尿病網膜症、糖尿病性腎症、糖尿病性神経障害といった合併症を併発する。

一般的な症状としては、喉が渇き（頻渇）、水をよく飲むために尿量が増加し（多尿）、夜間の排尿回数が増加するという。また、体重が減り疲れやすくなる（体力減退）ようである。文学作品や古記録中にも、口の渇きや、水を多飲し多尿していることなどが記されており、糖尿病の症状と一致していると考えられる。では、服部氏が飲水病の論拠として挙げた文学作品と古記録から、飲水病の症状を確認していくことにしたい。

『栄花物語』

①巻第二　花山たづぬる中納言

かくて一条の摂政殿の御心地例ならずのみおはしまして、水をのみきこしめせど、御年もまだいと若うおはしまし、世しらせたまひても三年になりぬれば、さりともと頼み思さるるほどに、月ごろにならせたまひぬ。

②巻第四　みはてぬゆめ

かかるほどに冬つ方になりて、関白殿水をのみきこしめして、いみじう細らせたまへりといふことありて、内裏などにもをさをさ参らせたまはず。

③巻第八　はつはな

帥殿は日ごろ水がちに、御台などもいかなることにかとまできこしめせど、あやしうありし人にもあらず、細りたまひにけり。

④巻第三十七　けぶりの後

かくて、民部卿水参る心地起りたまひて、いと重くならせたまへば、いかなるべき御心地にかと、中宮も思しめし歎く。

⑤巻第三十八　松のしづえ

上は、わざとにはおはしまさねど、御心地悩ましげに、水などきこしめす。

①は藤原伊尹が病がちで水を多飲したという記事である。②は藤原道隆が水ばかり飲んだこと、そして大変痩せていたことがわかる。③では藤原伊周が、やはり水を大量に飲み痩せていたと記述されている。④からは藤原長家が水を欲し、体調も優れなかったことがわかる。服部氏は、長家も恐らく糖尿病に向かっていたとしているが、この記事だけではわからない。続いて⑤は後三条院の話であるが、やはりこの事例だけで糖尿病と確定するのは難しいであろう。

『栄花物語』から共通する症状は、「口が渇く」状態であるということだけである。そのほか「痩せている」ということも挙げられるが、②の藤原道隆と③の藤原伊周は親子であるから、体質や体型が似ていると思われ、むしろ癌であったとは考えられないだろうか。因みに道隆が死去した年は、疫病が大流行した年であり、死因は糖尿病というより疫病ではなかっただろうか。水を飲む病気がすべて糖尿病であるとは限らず、これらの文学作品からは、彼らがどのような疾病であったか確定できないといえよう。

また平安貴族というものは、多かれ少なかれ全員が糖尿病の症状を持っていた可能性も考えられる。したがってこれらの事例を根拠として、彼らが糖尿病であったと断定することや、糖尿病が直接死因に結びついたとはいえないであろう。

それでは、道長の糖尿病に関する事例について、古記録から確認していくことにしたい。道長が糖尿病を患い死亡したことは、今では通説のようになっているが、それほどの大病を患っていたにも拘らず、『御堂関白記』には子細な記述がほとんどみられない。唯一、自身の病状を記述しているのは、死去する八年前の『御堂関白記』寛仁三年（一〇一九）二月六日条である。

心神、常のごとし。而るに目、尚ほ見えず。二、三尺相去る人の顔も見えず。只、手に取る物ばかり、之を見る。何ぞ況んや庭前の事をや。陰陽師・医家、「魚肉を食すべし」と申す。月来の間、之を用ゐず。今、仏像・僧を見奉らず。経巻は近く目に当て読み奉る。若し此れより暗く成らば、之を如何為ん。仍りて五十日の假を三宝に申し、今日より之を食ふ。思ひ歎くこと、千万念。是れ只、仏法の為なり。身の為に非ず。慶命僧都を以て之を申さしむ。今日より肉食の間、法華経一巻を書くべし。

この頃すでに道長は糖尿病とされる病が悪化し、二、三尺先の人の顔を判別することもままならないほど症状が悪化していた。そのため医家や陰陽師の言う通り治療行為として魚肉を食したりもしている。また、糖尿病の合併症として、白内障や網膜症などが起こるらしいので、道長の症状も、その一環というべきであろうか。続いて『小右記』の側から道長の飲水病をみてみよう。

表三　『小右記』に記された藤原道長の飲水病

	和暦年月日	本文	対象者
1	長和五年五月二日	「……摂政、車に乗りて御行に従ふ。悩気有るに依り、河原より退帰せらる。水を飲むこと数々。暫く禁ずべからず」と云々。	藤原道長
2	長和五年五月十日	摂政殿の三十講の請僧阿闍梨頼秀、来たる。密かに語りて云はく、「講説の間、仏の前に坐さる。中間、必ず簾中に入り給ふ。若しくは水を飲まるるか。紅顔、減じ、気力無し。慎しまるべきに似る。其の期、遠からざるか」と。余、思ふ所は、朝の柱石、尤も惜しむべし。	藤原道長
3	長和五年五月十一日	摂政、命せて云はく、「去ぬる三月より頻りに漿水を飲む。就中、近日、昼夜、多く飲む。口乾き無力なり。但し食、例に減ぜず。医師等、云はく、『熱気か』てへり。丹薬を服せずと雖も、年来、豆汁・大豆煎・蘇蜜煎・呵梨勒丸等、不断に服す。此の験か。仍りて冷物を服するも、風、未だ発らず。今日より茶を服す」と。客亭に於いて一度、飲む。両三度、簾内に入る。若しくは水を飲み給ふか。命せて云はく、「今日、水を飲むこと、多く減ず。然れども太だ無力なり。読経・念誦せず。熱発るは、無力なるべからず。而るに顔色、憔悴す。身、又、此くのごとし。若しくは猶ほ、極めて病むか」てへり。気色を伺ふに、容顔、頗る疲る。恙気、掲焉。御口、乾くに依りて、杏二顆を持ち、時々、嘗む。又、命せて云はく、「豆汁・葛根等を	藤原道長

		服し、柿汁を服す。定延法師、云はく、『柿は熱物たれば、服すべからず』てへり。仍りて服せず」と。	
4	長和五年五月十三日	「日来、摂政、葛根久須。を食せらる。薬と為すに依る」と云々。一昨日、云はく、「口乾きて頻りに水を飲む。医家の申すに依りて、件の葛根を服す。甚だ良し。暫く水を飲まず。亦、気力有り」てへり。世間□、「摂政、葛根を服すること、是れ飢渇の相なり。飢渇の百姓、食物無くんば、葛根を掘りて食と為す。未だ上臈、葛根を食することを聞かず」と。	藤原道長
5	長和五年五月十八日	夜に入りて大納言、光臨す。長斎に依りて、立ちながら清談す。更闌、帰る。密かに談りて云はく、「今夕、摂政に謁し奉る。命せて云はく、『心神、例に復す。水を飲むこと、已に留む。而るに枯槁の身体、未だ尋常がごとからず』と。	藤原道長

道長は、1長和五年（一〇一六）五月二日条では河原院の帰途、数度飲水している。2長和五年五月十日条では講説の間、簾に入り度々飲水したとあり、これを見た頼秀が道長の死期が遠くないことを実資に告げている。実際に道長が死去するのは十一年後であるが、この時すでに糖尿病の症状と思われる多飲が現われていたことを示している。3長和五年五月十一日条では、道長自ら自身の体調について語っている。去年の三月より頻りに飲水し始め、最近では昼夜問わず多飲の状態であり、口は乾き脱力感があるが、食欲は減らないと述べている。この症状について、医師等は熱気を疑い、丹薬・豆汁・大豆煎・蘇蜜煎・呵梨勒丸等を服せよとしている。また、道長の顔色は憔悴しきり、容顔は頗る疲れているようでもあり、口の乾きを潤すために杏を二顆食したり、豆汁・葛根を服したりもしているとのこと

であった。4長和五年五月十三日条では、薬用として葛根を食している。しかし、5長和五年五月十八日条にあるように、心神の状態は悪く、体は枯槁しており、未だ尋常ならざる様子であった。心誉はこのような道長の病状から、明年彼が薨ずべき旨の夢告まで得ている(5)。

さて、表三の長和五年五月二日から十八日まで道長の病状を確認すると、症状がかなり重いように思われるが、道長自身がこの期間に記述したことといえば、『御堂関白記』長和五年五月十三日条の「腰病有り、人に扶けらる」のみである。通常、糖尿病は初期の場合は自覚症状がなく、痛みも感じにくいのが特徴であると言われているから、道長もそのような状況であったのだろうか。

糖尿病に罹ると、裂傷が治りにくくなったり、おできができやすくなるそうである。『御堂関白記』長和四年閏六月十九日条によると、道長は北屋の橋の間から落ち、左足を怪我している。この怪我のため、その後、蓮・楊等で洗う治療や(6)、灸治を行なったりしたものの(7)、完治するまでにはかなりの時間を有したことが日記からわかる。道長の足の怪我は、糖尿病により回復に時間がかかったのだろうか。

道長の容態は、口が渇く、多飲、容顔が頗る疲れた状態になる、おできのような腫物ができるといった、糖尿病の症状と合致する部分が多い。服部氏が結論としているように、おそらく道長は糖尿病であったと考えられる。しかし、最終的に道長は、背中に腫物ができて死亡している。つまり、道長は糖尿病を患ってはいたものの、直接の死因は、むしろこの腫物でなかっただろうか。

古記録に道長の事例のように病状が細かく記述されていることは稀である。服部氏も「飲水病と記されているものすべてが、今日の糖尿病と言い得るかどうかには疑問もある」と述べられているように、文学作品にみえるこれらの症状がすべて糖尿病であるかは疑問であると言える。また、持病と死因が直接結びつくとは限らないとも考えられる。持病と死因については、改めて綿密な検討が必要であることは言うまでもないだろう。

服部氏の見解によって、道長の死亡原因は糖尿病であるということが現在では定説となった感があるが、新たな視点から再検討する余地も残されているように思う。

Ⅳ．もののけ

「もののけ」について、服部氏によると、おおよそ次の通りであるとされる。

「もののけ」とは文学作品等で「物怪」または「物恠」と記され、当初は目に見えない妖怪変化の類を指していたが、後に人間の怨霊の祟りによって起こるものと解釈されるようになっていった。疫病の流行や貴人の薨卒など人間の不幸な出来事は、このような怨霊の祟りによって起こるものと考えられ、「もののけ」すなわち怨霊の祟りとされた。そして、怨霊の祟りによって起こる病気そのものも「もののけ」と言われるようになった。

「もののけ」は文学作品に多く登場するが、『今昔物語集』では、この語での表現はみつからなかった。「もののけ」の正体は、本来は中国の霊鬼の類であったと思われるが、文学作品の中では角振神や正体不明なものまで実に多彩である。それではまず、『栄花物語』と『大鏡』の「もののけ」の事例についてみていこう。

『栄花物語』

①巻第七　とりべ野

御物の怪のいみじきはさるものにて、わが御心地のもの狂ほしきまで、世にありとある事どもをしつくさせたまふ。

②巻第七　とりべ野

御物の怪を四五人に駆り移しつつ、おのおの僧どものののしりあへるに、この三条院の隅の神の祟りといふことさへ出で来て、そのけしきいみじうあやにくげなり。

③巻第八　はつはな

日一日苦しげにて暮らせたまふ。御物の怪どもさまざまかり移し、預り預りに加持しののしる。

『大鏡』

①第二巻　一　左大臣師尹

ただ冷泉院の御物の怪などの思はせたてまつるなり。

②第二巻　一　左大臣師尹

「御物の怪のするなり」と、御祈どもせさせたまへど、さらに思しとどまらぬ御心のうちを、いかでか世人も聞きけむ、……下略

③第三巻　一　右大臣師輔

御物の怪こはくて、いかがと思し召ししに、大嘗会の御禊にこそ、いとうるはしくて、わたらせたまひにしか。

右記の事例から、「もののけ」による疾病は、外的な症状として現われるのではなく、精神障害として多く起こっていることがわかる。またその治療の方法として『栄花物語』②③では、病人に憑いた霊を「寄人（よりまし）」に移すことが行なわれている。このような文学作品にみられる「もののけ」の治療法は、古記録にどのように記述されているだろうか、検討していくことにしたい。

　古記録では、「もののけ」「物怪」「物恠」という直接的な表現のほか、同様の類であると思われる「邪気」の表現の方がはるかに多く見られた。この分野に関しては、藤本勝義氏の研究に詳しく、氏によると、両者は同様の意味であるとのことである。[8] この「邪気」の仕業により、疾病や精神障害が引き

起こされる。「邪気」は外的な傷害、もしくは内的な疾病を引き起こすのではなく、精神的な障害として表れるのみであることに、この疾病の特徴的な一部分が見え隠れする。

この「邪気」について、特に正体が記されているものや、治療法が記されているものについて、古記録から主な事例を抜き出し、次表に示した。

表四　『御堂関白記』『小右記』『権記』に記された邪気

	和暦年月日	本文	対象者	
1	永祚元年七月十六日	人々に逢ひ、問ふに、頗る動揺の気□。然れども言語すること能はず。既に邪気に似る。深更、室町の奉為、諷誦を修せしむ。	藤原実資室	小
2	永祚元年七月廿三日	小児、日ごろ、悩み煩ふ。昨日より腹中、擁結す。痢、下し難し。就中、今日、重ねて以て痛み悩む。仍りて證空・住源師等を招き、加持せしむ。邪気を駆り託し、頗る平気を得。	藤原実資小児	小
3	正暦四年六月五日	仁海師を呼ぶ。晩頭、来たる。通夜、加持せしむ。邪気両三、人々に駆り移し、調伏す。	藤原実資小児	小
4	正暦四年六月八日	寺より示し送りて云はく、「去ぬる夕より尼、頗る飲食有り。又、女房、心神、例のごとし。邪気、通夜、調伏せらる」と云々。	藤原実資室	小
5	正暦四年六月十四日	女房、今朝より俄かに重く悩み煩ふ。其の体、邪気に似る。仍りて仁海上人を招く。深更、来たる。加持の間、邪気、出で来たる。宵を通し、調伏す。	藤原実資室	小
6	正暦四年六月十八日	昨日より女人、煩ひ有り。仍りて證阿闍梨を請じ、加持せしむ。邪気、出で来たる。調伏の後、已に以て平復す。	藤原実資室	小
7	長徳四年三月三日	或る者、云はく、「左丞相、俄かに煩ひ給ふ有り」と。即ち蔵人弁為	藤原道長	権

任。と同車して相府に詣づ。民部大輔成信。に逢ひ、御悩の体を問ふに、示して云はく、「腰病。邪気の為す所なり」と云々。此の間、季信朝臣、老尼、重く煩はるる由を告げ示す。即ち近衛殿に詣づ。女房等、云はく、「今の間、邪気、人に移り、頗る宜し」と。暫くの間、宅に帰り休息す。又、近衛殿に詣で、問ひ奉る。「今朝のごとし」と云々。又、左府に参る右少弁と同車す。。左大弁と相謁す。亦、事の由を申さしむ。教命有るに依りて、簾中に入る。丞相、命せられて云はく、「年来、出家の本意有り。斯の時、遂げんと欲す」と云々。此の次いでに多く雑事有り。御物忌に依りて、候宿せんが為、内に参る。宿所に休息す。人定の後、権中将経房。、遽かに来たりて云はく、「相府の御消息に云はく、『出家を遂ぐべき由を奏すべし』てへり」と。即ち剋限を問はしむ。右衛門尉行正。、丑一剋を示すなり。即ち夜大殿に参上し、□典侍をして事の由を奏せしむ。勅に依りて南戸より入り、御帳の坤の下に候ず。仰せて云はく、「丞相の出家を請はしむる所の事、功徳、極まり無し。礙げを妨ぐるを成すに依り、罪報、畏るべし。然れども、『病体、邪気の為す所』と云々。道心堅固にして必ず志を遂ぐべくんば、病悩、除愈して心閑かに入道するは如何。彼の家に罷り向かひ、此の由を仰すべし。又、病を除き命を延べんが為、度者を給はんと欲す。先例は其の員、幾ばかりなるや」と。即ち貞観年中、忠仁公、外祖父摂籙たる間、重く煩ふ所有る時、八十人を給ふを奏す。仰せて云はく、「彼の例、因准すべからず。然れども殊に思食す有り、八十人を給はんと欲す。同じく其の由を仰すべし」と。即ち束帯し、中将と共に彼の殿に詣づ。左大弁をして御使と為て参り来たる由を伝へ申さしむ。大弁、還り報ず。簾中に延べ入る母屋の几帳の内。丞相の寝所なり。。即ち勅旨を伝ふ。復命して云はく、「勅旨、敬ひ奉る。遁れ申すべからず。但し出家の事、年来の宿念たるに依りて遂ぐべきなり。不肖の身を以て、不次の恩を蒙り、已に官爵を極む。現

		世に望み無し。今、病、已に危急にして、命を存すべからず。此の時に本意を遂げず、恨みを遺すは更に何の益有らんや。縦ひ出家すと雖も、若し身命を保たば、跡を山林に晦ますべきに非ず。只、後世の善縁を結ぶを思ふなり。亦、朝恩に報い奉らんが為、天長地久の事を祈り奉るべし。生前、無涯の恩徳を蒙り、向後、亦、無涯の恩を蒙らんと欲す。生前の本意、病中に遂げんと欲す。最後の朝恩、允許を賜はらんと羨す。早く還り参りて能く奏すべし」てへり。即ち亦、還り参り、頭中将正光。をして此の趣きを奏せしむ時に丑四剋。御物忌に依りて参上すること能はざるなり。。暫くして中将、勅を伝へて云はく、「申さしむる所の旨、具さに聞し食す。尤も然るべきなり。但し外戚の親舅、朝家の重臣、天下を燮理し、朕の身を輔導する事、当時、丞相に非ざるより、誰人か在らんや。今、丞相の篤疾を聞き、嘆息、極まり無し。『病悩の体、邪気の疑ひ有り。数日を経るに非ず、甚だ以て重く困ず』と云々。縦ひ邪気の為す所に在るも、本意を遂ぐるに於いては、何事か有らんや。然れども能く思慮を廻らし、重ねて申請すべし。其の時、将に左右の由を仰せんとす」てへり。亦、還り詣で、勅報の旨を申す。重ねて示されて云はく、「勅命、極めて貴し。遁れ申すべからず。但し煩ふ所、倍す。是れより本意を遂ぐべき由、重ねて奏せしむべし」と。此の間、蔵人弁、又、御使と為て参り向かふ。事の旨、前に同じ。		
8	長徳四年十二月三日	暁に及び、京兆、出で、産事の遂ぐる由を示さる。「男子なり」と云々。悦びと為すこと、少なからず。即ち還り参る間、内府、内に参らる。日の出、右大将、参らる。頃く有りて左府、参り給ふ。午剋、京兆の消息に云はく、「産事を遂ぐと雖も、今、一事、未だ遂げず。邪気の為す所か。僧都、来臨すと雖も、触穢を忌みて座に著さず。早く退去す」と云々。仍りて驚き、亦、彼の房に詣で、案内を申す。同車して三条に到る。僧都、立ちながら加持す。一念珠の間、平安かに	藤原行成室	権

		遂げ了んぬ。邪気、妨げを成すと雖も、仏力、限り無きに依るなり。歓喜なり、歓喜なり。		
9	長保元年十一月四日	宮の御悩の案内、早旦、之を取る。「去ぬる夕、悩み給ふ。暁に及び、宜しく御坐す」てへり。昼の間、重ねて案内を取る。「申剋ばかり、悩み給ふ。勝算僧都、加持を奉仕す。邪気を一両の女人に駆り移す後、頗る宜しく御坐す」てへり。	藤原遵子	小
10	長保二年五月十四日	早旦、左府に参る。院の御修法を奉仕すべき勝算僧都、病の由を申し、仕へざる由を申す。「尋覚律師を以て奉仕せしむべし」てへり。仍りて事の由を奏せしめ、遣はし仰すること、已に了んぬ。亦、昨日、下し給ふ所の不断御読経の僧名、便りに平中納言に下す来たる十八日に始む。仁王経なり。。即ち又、国平朝臣に下す。	藤原詮子	権
11	長保二年五月十七日	丑剋ばかり、院侍上毛野有奉、走り来たり、源相公の消息を授けて云はく、「院の御悩、極めて重し。邪気、取り入り奉り、御身、已に冷ゆ。時剋、推移す」てへり。	藤原詮子	権
12	長保二年五月二十五日	左府に詣づ。奏せらるる所の事有り。事、甚だ非常なり。是れ邪気の詞なり。「前帥を以て本官・本位に復さるべし。然らば病悩、愈ゆべし」てへり。	藤原道長	権
13	長保四年三月十四日	御加持の間、邪気、調伏す。	為尊親王	権
14	長保五年八月二十一日	一宮、此の夜より御悩有り。晴明、邪気を占ひ申す。	敦康親王	権
15	寛弘元年正月二十八日	此の夜、心神、殊に悩む。手足、方を失ふ。若しくは修法を延ぶる間、邪気の為す所か。	藤原行成	権
16	寛弘二年四月七日	早旦、予州刺史を訪送す。「其の病体、邪気に似る。謬言を陳ぶるを鎮む」と云々。「今日、観音院に向かふ」てへり。	高階明順	小
17	長和元年六月十一日	「昨日、左府、発り給ひ、幾くならずして尋常に復せらるる由、景理朝臣、談ずる所なり。是れ勅使と為て法性寺に参る」と云々。「邪気、	藤原道長	小

		悉く人に移す。只、瘧病ばかり発り給ふ由、奏聞せらる」と云々。		
18	長和元年七月廿日	頭弁、云はく、『御邪気の疑ひ有り。甚だ悩み苦しましめ給ふ。未剋に臨み、平復し給ふ気有り。然れども猶ほ悩ましめ給ふ。怖畏無きに非ず』と。	三条天皇	小
19	長和元年八月十四日	資平、内より罷り出でて云はく、「昨日の酉剋、悩み御す。其の体、前日の御薬のごとし。夜深、尋常に復す。御占に云はく、『御邪気なり』てへり。去ぬる七日より、聖体、隔日に不予なり。猶ほ御邪気か」と云々。	三条天皇	小
20	長和二年四月十日	右相府、有賢朝臣を使はして云はく、「瘧病を煩ひ、飲食を受けず。若し柑子・橘有らば、分け与ふべし」てへり。其の実無きに依り、送り奉らざるなり。有賢、云はく、「昨日の早旦、慶僧正の房妙法蓮花寺。に向かはる。若しくは邪気か。未剋ばかり、悩みを発さるる間、放歌等の事有り」てへり。談説のごとくんば、狂病に似る。皇后宮大進良道、云はく、「右府、悩まるる所の邪気、発り煩ふ時、狂言、殊に多し。或る僧、密談する所なり」と。	藤原顕光	小
21	長和四年五月二日	主上、仰せられて曰はく、「昨日の申剋、御湯殿を供すに、其の後、御心地、極めて悩み御する間、御前に候ずる女、気色、相誤り、組入を仰ぎ見て云はく、『御読経・御修法の霊験有り』てへり。其の後、御心、尋常に復す。又、女人、例に復す。未だ何かを知らず」と。又、仰せて云はく、「壇々御修法の律師、御加持の間、御前に候ずる女民部掌侍。、両手、振動す。已に邪気に似る。昨、御目、頗る宜しかるも、今日、猶ほ例のごとく不快」てへり。	三条天皇	小
22	長和四年五月廿日	「為信真人の病悩の体、初め是れ、時行たるも、後に邪気に似る。言語、通ぜず。水漿を受けず」と云々。	清原為信	小
23	長和四年五月廿七日	御目、昨日、已に尋常のごとし。昏に臨む比、亦、俄かに御覧ぜず。心誉を召し、御加持を奉らしむ。聖天、顕はれて云はく、『御邪気、	三条天皇	小

		能く調伏せらる。又、贈位を賜ふこと有り。但し聖天供の事、儲弐の時、厳教として供に預かるも、登極の日より、已に供養無し。之に因りて祟りを成し、致し奉る所なり』と。		
24	長和四年六月十一日	資平、左相府に参る。帰り来たりて云はく、「簾外に出で給はず。心誉律師、云はく、『御心地、今のごとくんば殊なること無し。時々、悩み給ふ。已に是れ、邪気なり。飲食、不快』と」てへり。	藤原道長	小
25	長和四年六月十九日	右衛門督、内より御薬の事の子細の案内を告げ送る。資平に件の事を問ひ遣はすに、云はく、「吉平、占ひ申して云はく、『疫鬼・御邪気、祟りを為す』と」てへり。	三条天皇	小
26	長和四年閏六月十二日	早朝、資平、来たりて云はく、「主上の御目、弥よ倍し御す。太だ便ならざるなり。験有る人を召さず、只、阿闍梨道命を召し、法華経を誦せしむ。其の間、御邪気を調伏す。万人、許さざる所。疑ふに是れ、霊物の謀略か。験有る人、悉く倦みて参らず。亦、召し無し」てへり。	三条天皇	小
27	長和四年七月廿三日	報じて云はく、「昨日の申剋ばかり、悩気、御坐す。此れより巳時ばかり、御身に寒気、立つ。頗る熱気、御坐す。仍りて之を占はしむるに、『疫気の上、御邪気、祟りを加へ、致し奉る所』と云々。未時ばかり、頗る熱気、散じ給ふ」てへり。	藤原遵子	小
28	長和四年十二月九日	資平、内より罷り出でて云はく、「主上、今日、御心地、宜しく御さず。御風病に似る。又、御面、赤し。若しくは御邪気か。	三条天皇	小
29	長和四年十二月十二日	夜に入りて、資平、来たりて云はく、「未・申剋ばかり、左将軍、万死一生の由、内供定基、走り来たりて相府に告ぐ。相府、驚きながら将軍の家に馳せ向かふ。彼の家、堅固の物忌。仍りて帥宮の方に坐さる。相府の櫪の馬等を以て、名社等に献ず。蓋し将軍の病を救はんが為。彼の家に犬の死穢有り。仍りて相府の馬を献ず。将軍、汗出でて蘇生し、尋常を得。亦、邪気、出来す。吉平、占ひて云はく、『時	藤原頼通	小

		行・邪気、相交はる』と」てへり。		
30	長和四年十二月十三日	暁に臨み、大将の方に行く。悩気、尚ほ重し。邪気、重く見ゆる由なり。仍りて祈りを成さしむる間、人に遷すに頗る宜し。	藤原頼通	御
31	寛仁二年閏四月十七日	「大殿の御心地、太だ思ひ悩む。去ぬる夜、悩み給ふ間、叫び給ふ声、甚だ高し。邪気に似る。夢想、静かならず」てへり。	藤原道長	小
32	寛仁二年閏四月廿日	御病体、熱気に似る。飲食を受け給はず。夜部、邪気、人に託す。名を称せず。気色、故二条相府の霊道兼。道兼。に似る。	藤原道長	小
33	寛仁三年三月十八日	宰相、午剋ばかり、殿より罷り出でて云はく、「丑剋ばかりより、御胸、大いに発り給ひ、不覚。只今、聊か隙有り。邪気、人々に駆り移す。貴布禰・稲荷等の神明と称す」と云々。	藤原道長	小
34	寛仁三年五月十一日	宰相、来たりて云はく、「皇后宮、日来、重く悩み御す。時行・邪気、相交はる」と云々。	藤原娍子	小
35	寛仁四年九月十一日	辰剋ばかり、随身番長扶武、云はく、「案内すべき事有り。今暁、修学院に罷る。皇太后宮大夫、夜半ばかり、邪気の為に取り入らる。今朝、蘇生す」てへり。其の後、人々、云はく、「僅かに存するに非ず、亡ぬに非ざるがごとし」と。明日、御瘧病の当日。	藤原道綱	小
36	寛仁四年九月廿八日	斉信卿、云はく、「主上、発り悩み御する時、人に駆り移す間、已に尋常のごとし。御遊等有り。人に移し、例に復する時、忽ちむつかり叫ばしめ給ふなり。是れ御邪気なり」てへり。	後一条天皇	小
37	寛仁四年十月六日	御薬の案内を頭蔵人に問ふに、云はく、「此の両三日、時々、発り御す。偏へに是れ、邪気なり。今日、殊なる事御さずと雖も、猶ほ尋常の体に非ず」と云々。「前僧都心誉、御加持を奉仕す。邪気を駆り移す」と云々。	後一条天皇	小
38	寛仁四年十月八日	夜に入りて、宰相、示し送りて云はく、「今日、発り御す。邪気、多く女房に託す」と云々。	後一条天皇	小

39	寛仁四年十月九日	大納言、示し送りて云はく、「昨の御悩、殊なる事御さず。邪気の声・入道殿の行事の声等、相交り、静かならざるなり」てへり。	後一条天皇	小
40	寛仁四年十月十六日	「主上、頗る発り御す」と云々。邪気、人に移す。其の声、時々、聞こゆ。	三条天皇	小
41	治安二年五月卅日	資房、内より罷り出でて云はく、「心誉僧都、霊気を女房に駆り移す。其の間、御心地、宜しく御す」と云々。邪気、誉□王袴□思し食す事を恥づべきなり。	後一条天皇	小
42	治安三年六月十三日	「禅閤、猶ほ悩気有り。念仏の間、簾中に入り臥す。心誉を招き入れらる。加持の為か。熱、発るを称せらる。万人、疑ふ所、邪気に在り」と云々。	藤原道長	小
43	万寿三年五月九日	御薬の事、左頭中将に問ふ。云はく、「昨夕夜半許、両度、発し悩み御ふ。僧正、独鈷を以て悩み給ふを抑へ加持する所なり。亦、他所に移りて腫れ給ふを加持する所〔×亦〕、即ち平らぎ給ふ。其の験、最も明らかなり。御身、振り給ひて、邪気、人に移す。起居漸く御心に任す。昨日は人に扶けられ起き給ふ。今日は御意に任せて起居す。例に復すべきに似る。大床子に昇り給ふ」てへり。	三条天皇	小
44	万寿四年六月十六日	中将、云はく、「宮、御悩、軽からず」てへり。「夜、心誉僧都、邪気を駈け移す間、御膳を聞食す」と云々。	藤原娍子	小

藤本氏によると、古記録では「物怪」と記される例が圧倒的に多く、それが原因、或いは介在が疑われるとされる疾病を分類すると、次の七つに大別されるという。

眼病、胸病、瘧病、風病、痢病、頸・肩痛、懐妊・出産時の疾病

「物怪」が原因となり引き起こされると考えられていた病名は、実に多種である。このように多くの症状を引き起こす原因となる「物怪」は、その実態は形に表すことのできない患者の精神的な要因に深く起因する。また、霊的なものとされるため、医師らが病名を断定する際は、疑問形で示される場合が実に多い。

例えば、表四の28『小右記』長和四年十二月九日条の「御風病に似る。又、御面、赤し。若しくは御邪気か」では、その疾病が風病なのか邪気なのか診断が確定していない。18『小右記』長和元年（一〇一二）七月廿日条では「御邪気の疑ひ有り」とあるように、その病の病因がやはり邪気であるか、確定できないでいる。22『小右記』長和四年五月廿日条「初め是れ、時行たるも」、34『小右記』寛仁三年五月十一日条「時行・邪気、相交はる」では、邪気が当時の疫病である時行と混乱されている。古記録には邪気による症状を、時行や時疫と疑う事例が多く目につくが、これはまたこの疾病の特徴の一つであるといえよう。

この邪気の正体の一つであるとされる怨霊は、患者が作り出した実体のない架空のものであることは明らかである。なお、怨霊の概念を分類すると、生きているか死んでいるか、恨みの有無、特定の相手に祟るか否かに分類される。

さて、怨霊は患者の身体に憑依すると、異常性をもつ様々な行動となって、その姿を現してくる。表四の31『小右記』寛仁二年（一〇一八）閏四月十七日条「叫び給ふ声、甚だ高し。邪気に似る」では、平静を失った異様な行動を邪気の仕業であると感じている。貴族たちは平静と違う状態を、怨霊である邪気の所為であると認識していたようである。

このような異常行動を伴う症状から回復させるために、貴族たちは治療法として「調伏」を行なっている。その内容は、『栄花物語』でみてきた通り、怨霊を患者の身体から「寄人」に駆り移し、怨霊を身体から切り離すという手法である。この「寄人」は患者の家庭の事情や精神的な状況を詳しく知る人物が選ばれるか、それらの説明を受けた少年（小僧）が奉仕することが多かった。

古記録にも、その術である「調伏」が実践されている事例がみられた。その過程での様子は、表四の21『小右記』長和四年五月二日条にある。三条天皇にとり憑いた怨霊を「寄人」の女に移した際、女の手が「両手振動」した。また43『小右記』万寿三年（一〇二六）五月九日条にも、三条天皇が「御身振給」状態となったとあり、調伏という宗教的治療の際に、貴族たちは一時的に身体を震わせ興奮状態となっていた様子が想像される。

現代的医学の観点からすれば、怨霊によって疾病が発症することは考えられない。貴族たちの症状は、怨霊に対する恐怖心や贖罪の念が、異常行動や疾病という形となって具現化したものと考えられないだろうか。実際には病が先にあって、それを後から怨霊による仕業であると結び付けているに過ぎないのであろう。

しかしそのような思考を持たない貴族たちは、調伏により「寄人」が怨念の限りを出し尽くし、時には怨霊を慰撫し、懺悔することによって、その後、精神的に平静を取り戻し、結果として疾病から回復しているのである。怨霊の存在を信じていた当時の貴族たちは、それ故に何度も怨霊による疾病に悩まされることになるのである。その循環のサイクルを軽減、もしくは断ち切るのが僧の役目であり、調伏という所為なのである。邪気を病因とする諸症状を疾病とするならば、調伏という宗教的行為も治療の一環と見做される。貴族たちにとって治療には、外面的（身体的）な治療と、内面的（精神的）な部分の治療があった。「もののけ」というのは、その二つが同時に治療として捉えられていたことを実証する疾病であろう。

V．二禁

二禁という病状は、服部氏によると、摂関期では、今日一般に言われる大小の「おでき」から「ニキビ」、そして癰（はれもの）、悪瘡まで、実に幅広い意味を持つ病であったようである。この二禁の治療としては、薬剤塗布や灸治、射水、針、蛭飼が有効とされていた。では実際に摂関期の貴族も同様の症状を患い、同様の治療を施しているのだろうか、確認していくことにしたい。

まず文学作品では、『大鏡』『今昔物語集』にはこの言葉が見当たらず、『栄花物語』のみ「にきみ」という表現が二つみつかった。

『栄花物語』

①巻第三十五　くものふるまひ

十二月の二十日余りのころ、内に御にきみおはしまして、薬師ども参りなどして、すこしわづらはしう申しけり。いかなるべき御心地にか。

②巻第三十六　根あはせ

内の御にきみのこと、なほおこたらせたまはねば、いかにとむつかしう思しめす。

①②共に、後朱雀天皇が「にきみ」を病んだという記事である。「にきみ」といっても思春期に顔にできる面皰ではなく、この場合は小腫瘍である可能性がある。この治療法として、後朱雀天皇は灌水療法等を試したりしている。

一方、摂関期の古記録には「にきみ」はもちろんのこと、「二禁」という表現もみつからなかった。実際に貴族が病気として患っていたものは、「おでき」や癰であることは明らかであるが、この二禁は顔面よりも、むしろ腰や背中等に発生するとのことである。また、糖尿病と併発すると高い死亡確率となったと服部氏は述べている。

古記録には「腫物」という表現は多く出てくるものの、「癰」という表現はみつからない。双方「はれもの」と読むが、では何が違うのであろうか。現代医学の見地からみると、腫物は、炎症などで皮膚がはれて膿を発生した状態をいい、癰（carbuncle）は、皮膚や皮下にできる急性の腫れ物を指すとのことである。癰は黄色ブドウ球菌が隣接するいくつかの毛包に感染し化膿したもので、多くはうなじ・背中にできることが多く、高熱や激痛を伴うようである。

古記録のなかには怪我が元で身体の一部が腫れたという事例のほかに、身体のあらゆる箇所に腫物が出来たという事例が多く記されている。この腫物は、頭、頬、肩、臂、足、足の裏と、身体のほとんどの部分に発生していることがわかる。本当にこれらの腫物は二禁なのであろうか。しかし腫物が二禁であるとするならば、貴族はなぜ二禁と記さなかったのであろうか。貴族は病名よりも病状を重要視していたのであろうか。また「Ⅱ．寸白」で扱った寸白も、貴族は各種様々な症状をすべて寸白と混同していたと思われる。身体の一部が腫れることで、医師ですら寸白かと疑っているのである。身体の一部が「腫れた」状態に侵された場合、どのような基準で寸白、或いは二禁、或いは腫物と区別していたのであろうか。

貴族は、それぞれに応じた治療を行なっていたことが、古記録から読み取れる。これはつまり、病因を含めた正しい病の知識はなくとも、症状毎による治療法は心得ていたということなのであろうか。

さて、古記録で顔面以外に腫物が発生し、恐らく二禁であると思われる事例を次の表にまとめてみた。

表五　『御堂関白記』『小右記』『権記』に記された二禁を疑われる症状

	和暦年月日	本　文	対象者	
1	長保四年五月六日	正世、宮の御腫物を針す。膿汁一升ばかり出づ。	為尊親王	権
2	寛弘五年九月十日	左衛門督、日来、腰間に腫物あり、参入せず。	藤原公任	小
3	長和元年十二月十三日	頼任を以て、禅林寺の僧都を問ひ奉る。是れ腫物を悩み給ふに依るなり。	藤原道長	御
4	万寿二年八月廿三日	相成、云はく、「院の御肩・頸の間、腫物有り。御身、熱し、振ひ給ふ。	小一条院	小

		御心地、不覚」てへり。「腫物の気に非ざるか」てへり。又、云はく、「前大僧正済信、左の肱に腫物、出づ。尤も慎しむべきに似る。生死、今・明に在り」てへり。	済信	
5	万寿二年八月廿八日	又、云はく、「左兵衛督公信の肱、熱腫有り。法住寺僧都尋光の背に腫物有り。忠明、云はく、『共に冷やすべし。就中、尋光僧都、頗る重し』てへり。……」と。	藤原公信 尋光	小
6	万寿四年五月七日	良静師、云はく、「定基僧都の腫物、減ずること無し。頻りに以て灸治す。僧都并びに所帯の寺々の司を辞退す」てへり。	定基	小
7	万寿四年十一月廿一日	式光、云はく、「禅室、弥よ以て無力。痢病、数無し。飲食、已に絶ゆ」と。夜に入りて、中将、禅門より来たりて云はく、「時に従ひ、弥よ危急。無力、殊に甚し。痢病、度無し。亦、背の腫物、発動す。医療を受けず。左右、多く危し。行幸の日を待ち得難かるべき由、家の子、談ずる所」と。	藤原道長	小
8	万寿四年十二月二日	式光、云はく、「去ぬる夜半ばかり、禅閤、忠明宿禰を以て、背の腫物を針せらる。膿汁・血等、少々、出づ。吟じ給ふ声、極めて苦しき気なり」てへり。	藤原道長	小

4『小右記』万寿二年（一〇二五）八月廿三日条では、二禁の発生箇所と同様の肩から頚間に発生したこと、そして小一条院の御身が熱く振るえていることから二禁であると考えられる。しかし医師である和気相成は、腫物の気ではなく単なる腫物ではないのかと疑い、その症状を二禁とは診断していない。

続いて5から7の史料からは、腫物が背中にできたということが分かる。また5『小右記』万寿二年八月廿八日条からは、腫物に熱があるという状況からさらに二禁を疑われる。

では二禁の治療はどうであろうか。二禁の治療としては、薬剤塗布や灸治が効を奏すようであるが、右の史料からも、5では患部を冷やす治療方法をとり、6『小右記』万寿四年五月七日条では灸治を行なっている。さらに7『小右記』万寿四年十一月廿一日では、針で患部を刺す治療が用いられている。これは二禁の治療と同様であるといえよう。

貴族は、おそらく二禁と呼ばれる病気に罹っていたと思われるが、表現が見当たらないのは、それを二禁と称したか、腫物と称したかの違いであると思われる。また、服部氏がこれらの症状を二禁とするならば、同様の症状が摂関期の貴族にもみられたと実証されよう。しかし、この当時から二禁という病名が貴族の間で認識されていたかどうかは不明であると言える。

Ⅵ．眺腫

眺腫とは、どのような疾病なのだろうか。服部氏によると、京都市太秦広隆寺における牛祭と称する祭などから「眺」は男陰の象徴であり、広隆寺の祭文中に表された眺風とは、「下風・へのこ風とも言い、睾丸から精系が引きつり痛み、振う病気」であるとされている。では文学作品や古記録ではどのように記述されているだろうか、確認していくことにしたい。

『栄花物語』『大鏡』『今昔物語集』には眺腫に該当するものは見つからず、古記録では『小右記』寛弘二年二月八日条にのみ所見する。この史料を服部氏も引用しているので、みていくことにする。

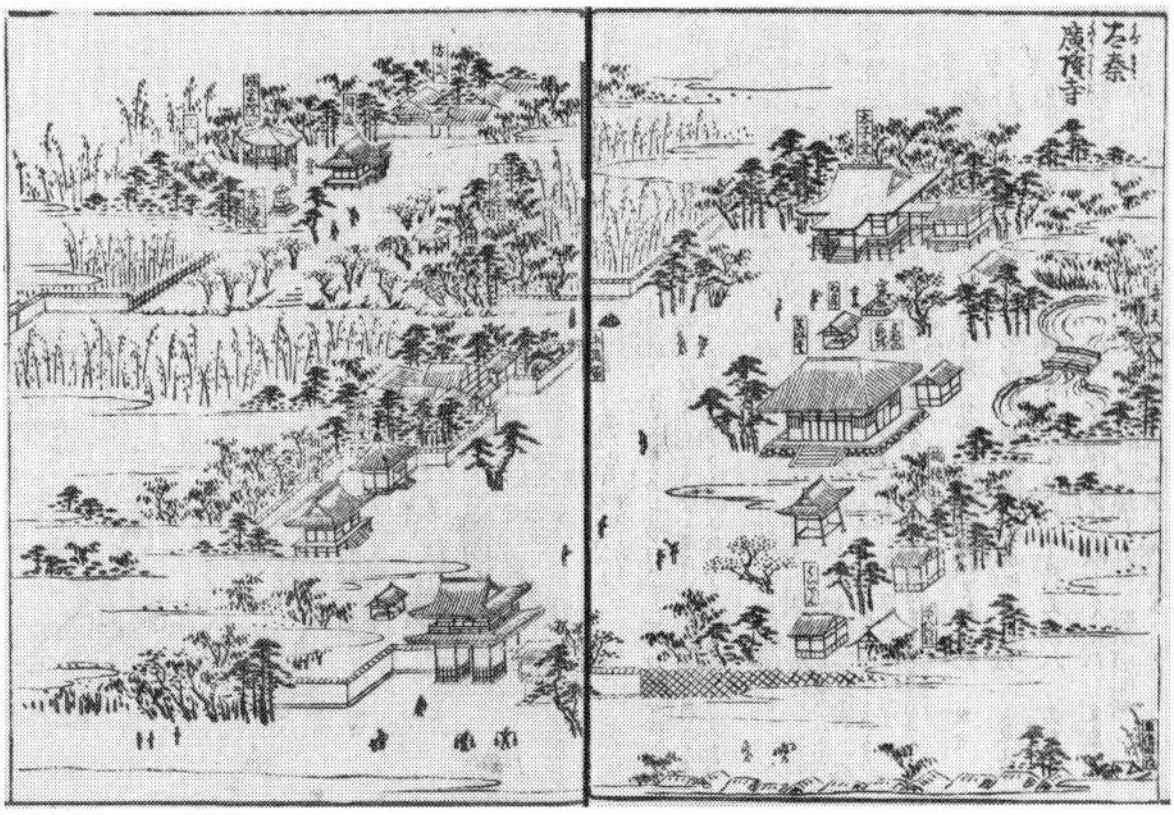

広隆寺境内図　国立国会図書館デジタルコレクション『都名所図会』より

『小右記』寛弘二年二月七日条
将監興光、云はく、「弥勒寺講師元命、左府に言上する解文を、今日、近江守朝臣の許に持ち来たる。又、近江守朝臣の許に送る書状に云はく、『師、去ぬる年十二月二日、厠に於いて倒れ伏し腰を損なひ、動かず』てへり。近江守朝臣、日ごろ、病悩し、昨夕より減平に似る」てへり。

『小右記』寛弘二年二月八日条
午剋、元命の書札を持ち来たる。雑事を示し送る内、礼紙に注して云はく、「師中納言、去ぬる年十二月二日、厠に出づる間、腰を折るを以て、今に辛苦す。已に死に及ぶなり。近来、耳目、見聞せず。晄、腫れ、前後不覚なり」てへり。

これは弥勒寺講師である元命が、道長等に平惟仲の病状を報告している記事である。平惟仲は、十二月二日に厠で倒れて腰を折り、その後、晄が腫れ、近頃は耳も聞こえず目も見えず、前後不覚の状態であった。惟仲が折った部分は腰の骨であるから、実際は腰椎あたりであろうか。だが骨折の可能性もあるにせよ、「折レ腰」、という表現は、実際に腰の骨が折れたことを指すのではなく、腰を屈めて用を足そうとしたことを意味し、その際に心筋梗塞や脳溢血が起こった可能性も考えられる。通常、骨が癒合に要する期間は損傷部位や年齢に左右されるが、このとき惟仲は六十二歳である。

この怪我が要因のためか、惟仲は二月八日、死去している[9]。服部氏は平惟仲が転倒して腰を打ったため骨折し、そのため陰部が腫張してきて症状が重くなったものとしている。

ところで、惟仲が廁で転倒したことは、当時の灯りがどこにでもあるわけではないこと、そして貴族たちの住空間が暗いものであり、足下が不安な状況であったという生活の一端も窺える。

さて、惟仲は腰を骨折し、長い間回復しなかった。第一章で様々な治療法をみてきた通り、貴族の医学に対する知識水準は高かったと思われる。しかし、今回のような粉砕骨折や剥離骨折等をはじめ、感染症などの重篤な病状に対しての治療は難しかったのであろうか。

当時の貴族は疾病に対して根治させるという意識が低かったため、回復することもなく、常に病気がちであった。そこで大きな怪我や病に冒されると、すぐに脆い状態に陥ってしまうとも考えられる。しかも貴族たちの病気を根治させる行為というのは、精神的な回復に重きを置いており、精神的に平静になると疾病が治ったと考えている節が見受けられる。

以上の史料から、晄腫が陰部の病気であるにしても、これによって平惟仲が死去したと否定も肯定も出来ないと結論づけられる。

Ⅶ．瘧病

瘧病とは、毎日または周期的に発熱して悪寒や震えを発する病気であり、マラリア（malaria）に似た熱病を指す。別名として「瘧《おこり》」「衣夜美《えやみ》」「和良波夜美《わらはやみ》」とも称した。『諸病源候論』では、その症状を温瘧・瘧候・間日瘧・風瘧・癉瘧・山瘴瘧・痰実瘧・寒熱瘧・往来・寒熱瘧・寒瘧・労瘧・発作無時瘧・久瘧等に大分類している。(10) 服部氏も同様の解釈をしており、さらにマラリアが蚊の媒介による原虫症であると付言している。

マラリアは、三日熱マラリア、四日熱マラリア、熱帯熱マラリア、卵型マラリアの四つに分類される。温帯地方は蚊の発生と密接に関係しており、そのため流行は夏期に多くみられる。日本では二日目ごとに高熱を出す三日型マラリアのみが流行すると考えられる。なお、現代ではマラリアは、結核、エイズと並んで三大感染症の一つであり、熱帯、亜熱帯地域の百ヶ国以上に分布している。全世界で年間二億人以上、累計で約八億人の患者がいるとされ、年間約二百万人の死者があると報告されている。

話を瘧病に戻すと、瘧病が蚊を媒介とする疾病ならば、夏期に多くみられる症状であるのだろうか。また、発熱、悪寒、戦慄、震えを発する病は、ほかにも該当する疾病が考えられそうである。現代のインフルエンザや当時風病とされた症状も同様の症状であると思われるが、何か違いがあるのであろうか。

それでは文学作品と古記録では、どのような容態を示しているのであろうか、確認していくことにしたい。

まず文学作品の方であるが、『栄花物語』『大鏡』『今昔物語集』には、瘧病の記述はみつからなかった。古記録では『御堂関白記』『小右記』『権記』全てに記述がみられ、次の表六はそれをまとめたものである。

表六　『御堂関白記』『小右記』『権記』に記された瘧病

	和暦年月日	本文	対象者	
1	長徳三年七月二十六日	即ち中将を招き出で、相逢ひて案内を問ふ。示して曰はく、「院より出で給ふ間、初め瘧病のごとし。煩ひ給ふ事、甚だ重し。今の間、暫く休息し給ふ」てへり。	藤原道長	権
2	寛弘四年七月三日	土御門殿に参る。右兵衛佐の瘧病を問ふ。	藤原教通	権
3	寛弘八年七月廿五日	白地に退出の間、瘧病、已に発り了んぬ。仍りて還り参る。	源倫子	御
4	寛弘八年七月廿七日	「女方、瘧病に依り、法性寺の堂に参る。発らず、還り来たる。頼通を以て座主に志す」と云々。	源倫子	御
5	永延元年五月廿一日	「今夜、右中弁資忠、亡逝す」と云々。「此の両三日、瘧病のごとく悩乱す」と云々。「殊に重く悩まず。而るに忽ち亡逝す」と云々。	菅原資忠	小
6	永延元年六月廿三日	「今朝、太相府、悩み給ふ由」と云々。仍りて参入す。命せられて云はく、「昨夕より悩有り。仍りて占はしむるに、『瘧病・時行・風熱、相剋せるか』てへり。明日より仁王経読経を行なはしむべし」てへり。	藤原頼忠	小
7	長和元年六月八日	相府の御心地を江州に問ひ遣はす。其の返事に云はく、「昨・今、発り給はず。今暁、御堂に度り給ふ。瘧病の疑ひに縁る」てへり。	藤原道長	小
8	長和元年六月十日	「今暁、左相府、瘧病の疑ひに依り、法性寺に参らる」と云々。今・明、物忌。只、外行を禁ず。資平、内より告げ送りて云はく、「左相府、法性寺に於いて発り給ふ」てへり。有信、云はく、「為義朝臣、左相より罷り出でて云はく、『相府、発り給ふ後、衣装を整へず、車を堂に寄せ、	藤原道長	小

		家に帰る。北門より車を入る。此の度の御病、憑き難きに似る』と」てへり。		
9	長和元年六月十一日	資平、内より退出して云はく、「昨日、左府、発り給ひ、幾くならずして尋常に復せらるる由、景理朝臣、談ずる所なり。是れ勅使と為て法性寺に参る」と云々。「邪気、悉く人に移す。只、瘧病ばかり発り給ふ由、奏聞せらる」と云々。	藤原道長	小
10	長和元年六月十二日	左府、午の終はりばかり、発り煩はるる由、人々、云々す。山階寺権別当扶公、来たり、雑事を談ずる次いでに云はく、「今日、左府に候ず。午剋ばかり、発り給ふ。一時ばかりを経て、覚め給ふ。食し給はず」と云々。或いは云はく、「瘧病の疑ひに依り、種々の厭術有り」と云々。「然れども其の験無し」と云々。	藤原道長	小
11	長和元年六月十四日	前筑前守永道、左府より来たりて云はく、「今日、発り給はず。光栄、発り給ふべからざる由を占ひ申す」と。資平、院より罷り出でて云はく、「障る由を頭弁に伝へ了んぬ。左府、発り給はざる由、僧侶、申す所。而るに定基、殿より院に参りて云はく、『瘧病と雖も、発らず。御心地、尚ほ悩気有り、苦吟し給ふ。亦、無力の由を命せらる』てへり」と。	藤原道長	小
12	長和元年七月十六日	内、御悩の事有り。瘧病か。宜しく御坐すに依り、還り出づ。「件の御悩、去ぬる十三日より」と云々。	三条天皇	御
13	長和元年七月十七日	御薬の案内、書状を以て頭弁に問ひ遣はす。返状に云はく、「十二日亥時より、隔日に御薬の気有り。昨日の申剋以後、終夜、悩み煩はしめ給ふ。只今、平損せしめ給ふに似る。已に瘧病のごとし。仍りて権僧正并びに明救・院源僧都等を以て、御修法、已に行なひ侍せらる」てへり。	三条天皇	小
14	長和元年七月廿五日	主上の御瘧病、発り給ふべからざる日を、先日、占ひ申すに、「甲・己の日」てへり。	三条天皇	小
15	長和元年七月廿七日	資平、内より退出して云はく、「昨日、吉平を召し、勅禄を給ふ。蓋し	藤原道長	小

		是れ、占ひ申す所の相当たるなり昨日、発り給はざる故なり。」と。		
16	長和元年八月十四日	権僧正に問ひ遣はすに、其の報に云はく、「瘧病、発り御するなり。今日、更に殊なる事、御さず」てへり。	三条天皇	小
17	長和二年四月十日	右相府、有賢朝臣を使はして云はく、「瘧病を煩ひ、飲食を受けず。若し柑子・橘有らば、分け与ふべし」てへり。其の実無きに依り、送り奉らざるなり。	藤原顕光	小
18	長和二年四月十六日	「右府、日来、瘧病を悩む」と云々。仍りて安隆朝臣を以て、之を問ふ。	藤原顕光	御
19	長和三年四月十四日	四条大納言、示し送りて云はく、「昨日、夜に入りて、左府に参入する間、発り悩み給ふ。案内を申さしむべし」てへり。驚きながら、資平を使はし、事の由を申さしむ。帰り来たりて云はく、「惟憲朝臣を以て申さしむ。即ち御前に召す。命せて云はく、『昨日、太だ悩む。今日、異なること無し。若し夜に臨むは如何。日来、夜々、悩み苦しむ。初め瘧病に似る。今に至りては、他の祟り、相加ふるか』てへり。今、気色を見るに、猶ほ尋常に坐さざるか。臥しながら雑事を命せらる」と。	藤原道長	小
20	長和四年六月十九日	頭中将、内より告げ送りて云はく、「主上、不例に御坐す。御瘧病に似る。左大臣、参入す。但し重き御悩に非ず。営ぎ参るべからず」てへり。	三条天皇	小
21	寛仁四年七月廿五日	宰相資平、云はく、「或いは云はく、『関白、知足院に参る。瘧病を祈られんが為』と云々」と。昏黒、新宰相、来たりて云はく、「入道殿に候ず。知足院より広業、参り来たり、申して云はく、『昨のごとくに非ずと雖も、頗る発り悩み給ふ』てへり」と。	藤原頼通	小
22	寛仁四年七月廿八日	宰相資平、来たりて云はく、「今暁、関白、法性寺に参る。去ぬる夕、入道殿、参らるるなり。関白の瘧病を祈る事に縁る」と云々。「日来、右大弁朝経。、時行を煩ふ」と云々。……関白の瘧病の事を致仕納言に示し達す。報じて云はく、「関白、昨、更に発る。半夜、法性寺に坐すこと、已に了んぬ。午時ばかり、参入すべし」てへり。衡黒、宰相、来	藤原頼通	小

		たりて云はく、「法性寺に参る。関白、已に発り給はず。……」てへり。		
23	寛仁四年九月十一日	前帥、示し送りて云はく、「『昨日、主上の瘧病、発り給ふ。上達部、多く参らざる事、入道殿、咎めらるる間、四条大納言、参入す。罵辱の御詞、敢へて云ふべからず。已に謁すること無し』と云々。	後一条天皇	小
24	寛仁四年九月十一日	明日、御瘧病の当日。余、所労有りて、久しく参入せず。明日、参らんと欲するも、衰日に当たる。今日、参入するに如かず。申剋ばかり、参入す宰相、同車す。。参上の雲上、相対し、歎き申す。頭朝任に御薬の案内を問ふ。答へて云はく、「発り御すること、三个度に及ぶ。昨日、酉剋ばかり、発り御す。未の時剋、常儀に復す。昨日、頗る宜しく発り御す」と。	後一条天皇	小
25	寛仁四年九月十二日	「昨日、入道殿、瘧病の事に依り、諸卿を罵辱せらる。行成卿、御前に在り」と云々。	藤原道長	小
26	寛仁四年九月十四日	午の終はり、御瘧病、発り御す。未の終はり、平復の由。	後一条天皇	小
27	治安三年七月廿三日	中将公成、府生保重を以て、申さしめて云はく、「相撲人等、参入す。今日、坎日。内取せしむるは如何。但し、召合の日、已に近々なり。明日、太相府、瘧病の当日なり。仍りて内取所に罷り着すべからず」てへり。	藤原公季	小
28	万寿四年二月廿三日	中将、来たりて云はく、「東宮、昨日より頗る悩ましめ給ふ気有り。今日、殊なる事、御さず。瘧病のごとし。明日、試し御すべし」と。	敦良親王	小
29	万寿四年二月廿四日	夜に入りて、中将、来たりて云はく、「東宮、御瘧病、発り給ふ由」と云々。	敦良親王	小
30	万寿四年二月廿五日	「東宮の御瘧病、昨日、発り給ふ」と云々。	敦良親王	小
31	万寿四年二月廿六日	臨昏、中将、来たりて云はく、「大僧正深覚、東宮の召しに応じて参入す。御瘧病、少しばかり発り給ふ間、孔雀経を転読す。已に以て平復し給ふ。又、禅室、馬を志さる」と。	敦良親王	小

32	万寿四年七月十六日	相撲の出居の事、将監扶宣に仰す。「少将資房、母重病に依りて参るべからず」てへり。「兼頼、瘧病を煩ひ、今に愈えず」てへり。「縦ひ平復すと雖も出居を勤むべからず」てへり。行経、日来、所労有り。久しく内に参らず。彼の間、若し尋常を得ば其の役を勤むべし」てへり。	藤原兼頼	小
33	長元四年七月十五日	家の仕丁、濫行の事、細かく仰せ了んぬ。亦、加へて、長櫃を尋ね進るべき由を仰す。法性寺僧都尋光、威儀師勧高を以て、消息して云はく、「日来、瘧病を煩ひ、五大堂に籠居す。昨日、慮外の事有り、……」。	勧高	小

古記録から瘧病について注視すべき点として、医師による見立てが行なわれていないこと、瘧病と断定できない表現が多いということが挙げられる。まず医師に関してであるが、他の疾病の際には医師がほぼ登場して診断を行ない、必要であれば投薬等を行なっていた。しかし瘧病に関しては、実際は診断を下していたかもしれないが、記述としては残されていない。瘧病が確定的な診断を下すには難しい病なのか、それとも他に理由があるのだろうか。

そしてもう一方の点についてであるが、瘧病の記述には「疑」「如」「似」「歟」といった不確定な状態を表わす表現が多いのである。

5『小右記』永延元年（九八七）五月廿一日条　「瘧病のごとく悩乱す」
7『小右記』長和元年（一〇一二）六月八日条　「瘧病の疑ひに縁る」
8『小右記』長和元年六月十日条　「瘧病の疑ひに依り」

10『小右記』長和元年六月十二日条　「瘧病の疑ひに依り」
12『小右記』長和元年七月十六日条　「瘧病か」
13『小右記』長和元年七月十七日条　「已に瘧病のごとし」
19『小右記』長和三年（一〇一四）四月十四日条　「初め瘧病に似る」
20『小右記』長和四年六月十九日条　「御瘧病に似る」
28『小右記』万寿四年二月廿三日条　「瘧病のごとし」

古記録で瘧病の病状について、どのように記述されているか調べてみたところ、病状に関する記述は書かれていなかった。ただ「発る」「悩む」といった事実を表わす表現はみつかったものの、瘧病によってどのような症状に陥ったかについては不明である。つまり、先に挙げた「疑」「如」「似」「歟」の例からも明らかのように、病状に対しては貴族が素人判断したに過ぎず、本当に瘧病であったかどうかも不明と考えられる。

瘧病がどのような症状であったか、貴族も正しく理解していなかったことは6『小右記』永祚元年（九八九）六月廿三日条の「瘧病・時行・風熱、相剋せるか』てへり」にみえる通りであろう。

ところで、瘧病の特色として、陰陽師が関与したり、祟り、占いといったものが関連していることも挙げられる。例えば、19『小右記』長和三年四月十四日条「日来、夜々、悩み苦しむ。初め瘧病に似る。今に至りては、他の祟り、相加ふるか』てへり」という史料から、初めは瘧病に似ていたが、今に至っては祟りが加わったようだとある。瘧病が祟りに昇格するという発想も実に興味深いが、これは貴族が病を原因ではなく、現象として捉えていることによると考えられる。瘧病が祟りという目に見えない精神的な病に接近しているという、当時の病に対する考え方を物語る例といえよう。

さて、服部氏は、『御堂関白記』の敦良親王の病悩の記事から、その病状を瘧病と断定しているが、本当に瘧病の様相を呈しているか、いま一度確認してみたい。

表七　『御堂関白記』に記された敦良親王の病悩

	和暦年月日	発症	本文
1	寛仁二年八月十三日	○	東宮の御心地、例に非ず御座す。仍りて候宿す。
2	寛仁二年八月十四日	×	内より罷り出づ。
3	寛仁二年八月十五日	○	大宮より御消息有り。「東宮、御悩の事有り」と云々。仍りて馳せ参る。温し給ふ気有り。仍りて候宿す。
4	寛仁二年八月十六日	×	内より罷り出づ。
5	寛仁二年八月十七日	○	東宮、又、発り悩み給ふ。仍りて内に候ず。
6	寛仁二年八月十八日	▲	なし
7	寛仁二年八月十九日	○	東宮の御悩、朝より温し給ふ。叡効、参入の後、宜しく御座す。十七日、酉時ばかり、発り給ふ。今夜、多く時刻を過ぐ。……而る後、亥の了りばかり、又、発り給ふ。為ん方を知らず。
8	寛仁二年八月廿日	▲	なし
9	寛仁二年八月廿一日	▲	なし
10	寛仁二年八月廿二日	○	東宮、発り給ふ。

11	寛仁二年八月廿三日	▲	なし
12	寛仁二年八月廿四日	○	東宮、発り給ふ。
13	寛仁二年八月廿五日	▲	なし
14	寛仁二年八月廿六日	▲	なし
15	寛仁二年八月廿七日	○	東宮の御当日。……日来、咳病、重きに依り、今日、遅参す。此の間、発り給ふ。相扶けて、未時に参入す。此の間、宜しく御座す。
16	寛仁二年八月廿八日	▲	なし
17	寛仁二年八月廿九日	×	此の日、発り給はず。

これは敦良親王が寛仁二年（一〇一八）八月十三日に発症し、八月二十九日に回復するまでの記事である。発症した日を「○」、発症しなかった日を「×」、記述がないため不明な日を「▲」とした。この事例から服部氏は、敦良親王が瘧病であったと断定しているが、果たしてその通りであろうか。

瘧病がマラリアであり、蚊を媒介とするならば、夏期である八月に発症していることは妥当であるとは言える。しかし、敦良親王の症状としては、「温気」があると記述されているだけで、詳しいことがわからない。今まで様々な疾病を古記録からみてきたが、発熱はよくある症状の一つである。服部氏は敦良親王の病状を、経過よりみて三日熱型の瘧病であったとされている。確かに八月十三日から一日おきに三回続けて発病が繰り返されており、周期だけ考えると、これは三日熱型マラリアであるように思われる。

このマラリアの潜伏期間と周期は、おおよそ次のようである。マラリアの潜伏期間は、三日熱マラリアで8～27日、熱帯熱マラリアでは5～12日、四日熱マラリアでは28日、卵型マラリアでは11日であるが、三日熱、四日熱、卵型マラリアの場合、潜伏期間が数カ月続くことがある。発熱は4～5時間持続し、その後、平温に戻る。熱発作は三日熱マラリアや卵型マラリアでは48時間、四日熱マラリアでは72時間の間隔で起こる。

発症したのが八月であること、発熱、平熱を二日間隔で繰り返していることから、敦良親王の病が瘧病であると診断していたことは事実であろうが、やはりそれだけで敦良親王が瘧病であったとは言い切れないであろう。しかし、表七の15「御当日」という記述から、医師がマラリアの周期を知っていた可能性もあるかも知れない。

連続した周期で発熱することを根拠としてマラリアであると判断するならば、表六の同様の事例についてはどうであるか検討してみたい。表六では28～31の敦良親王の事例に連続性がみられる。

28『小右記』万寿四年二月廿三日条「瘧病のごとし」
29『小右記』万寿四年二月廿四日条「東宮の御瘧病、発り給ふ由」
30『小右記』万寿四年二月廿五日条「東宮の御瘧病、昨日、発り給ふ」
31『小右記』万寿四年二月廿六日条「御瘧病、少しばかり発り給ふ間、孔雀経を転読す」

敦良親王は万寿四年二月廿三日に瘧病を疑い、二十六日まで不調であったことがわかる。だが、発熱したかどうかの記述もないため、実際どのような症状であるかは分からない。瘧病とは記述があるものの、周囲が瘧病であると言っているに過ぎないという例として受けとめるしかなかろう。

結論として、実際の症状や医師の直接の判断も記述されておらず、古記録に記された瘧病とはどのような病気であったか不明としかいいようがないが、発熱していることや、貴族が加持祈祷を行なわせていることから、風病や風邪、精神障害の類であったか、或いは症状の重い風病ではなかったかとも考えられる。先ほど述べた通り、瘧病を連続した発熱を理由にマラリアと結び付けるのは早計であり、実際は違う病であった可能性も高いといえよう。瘧病の病気としての実態は不明であり、今後さらなる研究が必要であろう。

Ⅷ．霍乱

霍乱とは、下痢・嘔吐を伴う病気と比定されている。この霍乱は、『栄花物語』『大鏡』『今昔物語集』には該当するものが見つからなかった。では古記録はどうであろうか。『御堂関白記』『小右記』『権記』から、霍乱の史料を年月日順にまとめてみた。

表八 『御堂関白記』『小右記』『権記』に記された霍乱

	和暦年月日	本文	対象者	
1	寛和元年四月廿三日	伝へ聞く、「祭使右近中将時中朝臣、忽ち霍乱を煩ふ由を奏せしむ」と云々。	源時中	小
2	長保元年十一月十七日	左府、暁更より俄かに悩み給ふ由、面々、云々す。午後、参り詣づ。御物忌に依り、伊予守朝臣を以て、事の由を申し入る。「今の間、頗る宜し。初め悩む体、霍乱のごとし」と云々。	藤原道長	小
3	寛弘元年七月二日	亥時ばかり、忽ち霍乱を悩む。心神不覚にして、夜を通して辛苦す。	藤原道長	御
4	寛弘元年七月三日	早旦、読経僧、云はく、「左府、去ぬる夜より俄かに重く煩はる」てへり。次いで相公、示し送る。「□日の子剋ばかり、霍乱のごとく悩まる」と云々。午剋ばかり、内に参る。宣旨□□左中弁に給ふ。中納言斉信・隆家、参議有国・懐平、参入す。相倶に左府に参る。左府、左頭中将を以て言ひ出されて云はく、「子・丑剋ばかりより霍乱のごとく病悩す。嘔吐、隙無し。今の間、嘔吐、止む。然れども心神、極めて悩む。無力、殊に甚し。仍りて相遇ふこと能はず。太だ恐み申す」てへり。	藤原道長	小
5	寛弘元年七月三日	払暁、挙直朝臣より告げ送る、「左府、此の夜より煩ひ給ふ事有り」と。忠範・政職の二大夫、又、告げ送る。即ち詣づ。日ごろ所労有り。出仕せずと雖も、参入す。霍乱のごとく煩ひ給ふなり。	藤原道長	権
6	寛弘元年閏九月廿五日	東宮、霍乱を悩み給ふ。	居貞親王	御
7	寛弘四年三月廿八日	一宮、霍乱を悩む。	敦康親王	御
8	寛弘八年八月三日	「一昨の夜半より、冷泉院、霍乱のごとく悩み御坐す。重きに似る」と云々。	冷泉上皇	小
9	長和元年七月廿五日	夜半、左衛門督の許より、悩む由を告げ来たる。是れ霍乱なり。	藤原教通	御

10	長和四年七月十二日	早朝、資平、言ひ送りて云はく、「去ぬる夕、内に参る。御物忌に籠り候ず。夜半ばかり、心神、俄かに悩み、痢病、発動す。疑ふ所は霍乱か。今旦、退出す」てへり。子細、案内を問ふに、「専ら霍乱に非ず。頭打ち、身熱く、心神、甚だ苦し」てへり。若しくは是れ、時行か。吉平朝臣、占ひて云はく来たりて時剋を問ふ。病を得る時、慥かならざる故なり。、「付く所の霊の為す所なり」てへり。縦ひ邪気と雖も、時疫、流行する間、加持を加へず。其の由を示し遣はすなり。報じて云はく、「去ぬる夜、内に候ず。付く所の霊、若しくは如何」てへり。仍りて其の処を占はしむ。推して云はく、「内合はず。、住む所住む所の霊か。。資平、悩む所、平気無し」と云々。今日より読経を始むべき由を示し遣はすなり。供米無きに依り、且つ手作布十端を送る。八専と雖も、今日以後、弥よ三宝を用ゐるべき日無し。仍りて先づ始め行なはしむる所。	藤原資平	小
11	長和四年八月十九日	左衛門督、霍乱を悩む。	藤原教通	御
12	寛仁三年二月三日	亥時、辰巳の方に火有り。其の後より心神不覚。霍乱のごとし。前後を知らず。	藤原道長	御
13	寛仁三年二月五日	一昨夜、俄かに霍乱のごとく悩み煩ふ事・目、見えざる事等を談らる。新検非違使家経、恐む由を申さしむ。	藤原道長	小
14	治安三年正月廿八日	右兵衛督、来たりて云はく、「小児、三、四日、霍乱のごとし。重く煩ひ、乳を飲まず。太だ術無し。若し猶ほ此くのごとくんば、春日の共に出立すべからず」てへり。	藤原経通小児	小
15	治安三年九月廿二日	今朝、為善を以て示し送りて云はく、「夜半ばかりより、霍乱のごとく悩み煩ふ。今朝、頗る宜し。食せんと欲す」てへり。答へて云はく、「暫く食すべからず」と。即ち侍医相成を遣はす。帰り来たりて云はく、「霍乱にあらざるか。然れども、其の用意有るべき由、相示し畢んぬ」てへり。	藤原資平	小

16	治安三年閏九月二日	兼成朝臣、云はく、「和泉守章信、初め霍乱を煩ふ。其の後、煩ふ所、軽からざる由、其の告げ有り。……」と。	藤原章信	小
17	万寿四年五月廿五日	中将、告げて云はく、「去ぬる夕、主上、霍乱のごとく悩み御す。今日、殊なる事、御さず」てへり。	後一条天皇	小
18	万寿四年五月廿六日	資房、云はく、「一昨、主上、霍乱のごとく悩み御す。昨より宜しく御坐す。然れども未だ御膳に着し御せず」と。	後一条天皇	小

服部氏は、表八の3『御堂関白記』寛弘元年（一〇〇四）七月二日条から、「おそらく道長は腹痛嘔吐に悩まされたもので、食中毒のごとき症状であったと推測される」と見解を述べられ、霍乱を下痢・嘔吐を主訴とする病気であるとされている。加えて、そのほかの古記録に記されている症状も、「その症状はいずれも大同小異、とくに異なった症状は認められない」としているが、果たしてその通りであろうか。また、漢方では霍乱は日射病を指す語とも言われている。そうだとすると、霍乱は夏期に多い疾病であるのだろうか。古記録では特に夏期に限定して起こっておらず、一年中みられる病であった。

さて、霍乱という症状は、古記録にどのように記述されているのだろうか。霍乱は下痢・嘔吐を主訴とする病気であるそうだが、『御堂関白記』では、霍乱を悩んだ際に心神不覚に陥ったと書かれているだけで、詳細な病状は記述されていない。また、12『御堂関白記』寛仁三年二月三日条では、火事により心神不覚となり、それは霍乱の如きものであったと記述されている。これは突発的、衝撃的な出来事の前で平静を失い、狼狽した状態が霍乱の病状と似ていたのであろう。通常、下痢・嘔吐を伴う疾病の

『病草紙』　霍乱の女　京都国立博物館蔵

場合は、体力的にも精神的にも疲弊するであろうから、この時も同様の状態であったとは推測されるものの、この際の病が霍乱であるか、これらの史料からでは断定できない。

一方、『小右記』では霍乱の症状をどのように記述しているのであろうか。

表八の10長和四年七月十二日条では、藤原資平が痢病を発動し、霍乱を疑うとある。痢病は下痢の症状を指し、霍乱を疑うものの子細を案内に問うと、霍乱に非ずとのことである。これは霍乱が下痢の症状でないことを示している。その他の事例として、14治安三年（一〇二三）正月廿八日条では、藤原経通の小児が重く煩い乳を飲まないとあり、18万寿四年五月廿六日条では、後一条天皇が一昨日から不調をきたし、昨日から回復したものの食事を摂れないとある。

続いて、4寛弘元年七月三日条は、道長の病について唯一詳細に記述が残され、服部氏が霍乱の症状について根拠とされている史料である。この七月三日条を細かく確認してみたい。

早旦、読経僧、云はく、「左府、去ぬる夜より俄かに重く煩はる」てへり。次いで相公、示し送る。「□日の子剋ばかり、霍乱のごとく悩まる」と云々。午剋ばかり、内に参る。宣旨□□左中弁に給ふ。中納言斉信・隆家、参議有国・懐平、参入す。相倶に左府に参る。左府、左頭中将を以て言ひ出されて云はく、「子・丑剋ばかりより霍乱のごとく病悩す。嘔吐、隙無し。今の間、嘔吐、止む。然れども心神、極めて悩む。無力、殊に甚し。仍りて相遇ふこと能はず。太だ恐み申す」てへり。

道長は、読経僧が言うには昨晩から、相公によると深夜十二時前後に霍乱の如く重く煩ったとある。彼は午後十一時以降、霍乱を患って嘔吐を繰り返し、現在は止まったものの、心神極めて不調であり、脱力感があった。確かに道長は嘔吐を繰り返しているが、注目すべき点は、「如霍乱」である。霍乱の如しは霍乱のような症状という意味合いであり、霍乱であるとは断定しておらず、これらを全て霍乱としてしまうことは不確実であるとは言えないだろうか。なお、「如霍乱」は他に八例がみつかった。

2『小右記』長保元年十一月十七日条　「初め悩む体、霍乱のごとし」
5『権記』寛弘元年七月三日条　「霍乱のごとく煩ひ給ふなり」

8『小右記』寛弘八年（一〇一一）八月三日条「霍乱のごとく悩み御坐す」
12『御堂関白記』寛仁三年二月三日条「霍乱のごとし」
13『小右記』寛仁三年二月五日条「一昨夜、俄かに霍乱のごとく悩み煩ふ事……」
14『小右記』治安三年正月廿八日条「小児、三、四日、霍乱のごとし」
15『小右記』治安三年九月廿二日条「霍乱のごとく悩み煩ふ」
17『小右記』万寿四年五月廿五日条「去ぬる夕、主上、霍乱のごとく悩み御す」
18『小右記』万寿四年五月廿六日「一昨、主上、霍乱のごとく悩み御す」

十八件の事例のうち、十一件が「如霍乱」という断定するには曖昧な表現であり、前述の『小右記』寛弘元年七月三日条以外、下痢・嘔吐などとされる霍乱の症状は記述されていない。逆に霍乱であると断定されている事例は、いずれも『御堂関白記』のみで、次の五件であった。

3『御堂関白記』寛弘元年七月二日条「亥時ばかり、忽ち霍乱を悩む」
6『御堂関白記』寛弘元年閏九月廿五日条「東宮、霍乱を悩み給ふ」
7『御堂関白記』寛弘四年（一〇〇七）三月廿八日条「一宮、霍乱を悩む」
9『御堂関白記』長和元年七月廿五日条「是れ霍乱なり」
11『御堂関白記』長和四年八月十九日条「左衛門督、霍乱を悩む」

　これら霍乱であると断定されている記述を以てしても、やはり症状は不明であるとしか言えない。しかも記述したのが道長のみということから、彼自身の判断で霍乱であると判断したとも考えられよう。服部氏が、そのほかの古記録も「その症状はいずれも大同小異、とくに異なった症状は認められない」とされているが、この三つの古記録からは大同小異はおろか、症状すら不明と言わざるを得ない。また服部氏は、霍乱の症状を『倭名類聚抄』や『諸病源候論』、『叢桂亭医事小言』[7]から推定し、4『小右記』寛弘元年七月三日条の道長の病を霍乱であったとしている。しかしこれは、当時の貴族は中国からの医学書を見ていた可能性があるため、似たような症状であるものを「如霍乱」と記したのではないだろうかと推測される。

　ところで道長が病を患った時間は、『御堂関白記』では七月二日の亥時、つまり午後十時前後、『小右記』では去夜、『権記』では明け方に藤原挙直が左府が此の夜から病を煩ったと伝言してきている。全ての古記録において道長が病を患った時間が同一であり、情報の伝達が正確である。これは道長の健康問題が、当時の公卿にとって重要な問題であったこと、そして貴族の関心事であったことを意味する。因みに寛弘元年は道長三十九歳、彰子が入内して四年後のことである。

　結論として、服部氏の根拠とされた『小右記』寛弘元年七月三日条から、道長が「腹痛嘔吐に悩まされた」とは言えるものの、この一例のみで道長が霍乱であったということは難しいのではないだろうか。当時の貴族は、中国の医書等により下痢・嘔吐の類を霍乱と考えていたが、はっきりと断定することができない場合、「如㆓霍乱㆒」としたのであろう。つまり、霍乱という疾病が、古記録上では実際にどのような症状であったか断定は難しく、彼らの症状が霍乱であったかどうかは根拠が不足していると思われる。

Ⅸ．腹病

腹病とは服部氏によると、「腹部の病気の総称であって、とくに限定した病気をさすものではない」とされている。加えて腹病は、多数の疾病を含むものであり、「おそらく、病名を判然と断定し得ぬ場合、腹病という総称名で処理したものと思われる」と推定されている。つまり腹部、及び下腹部の軽度の痛みから鈍痛、膨満感といった腹に関する全ての症状を指すのであろう。現代でも腹が痛いと言っても、内臓のどこが痛いとは具体的に表せないのと同様のイメージであろう。

では、実際どのように記述されているか確認していくことにしよう。『栄花物語』『大鏡』『今昔物語集』には腹病に該当するものは見られなかった。古記録では『小右記』のみ二件みられた。

『小右記』長和三年三月六日条
阿闍梨明尊、任円師を随身して来たる。任円の腹病の事、為信真人に伝へ問はしめんが為なり。

『小右記』長和三年三月七日条
任円、到来す。為信真人と相会ふ。腹病を治す方を問ふ。「先づ紅雪を服すべし」てへり。

任円が、清原為信に腹病の療法を伺い、その療法として紅雪を服すべしと指示されている。紅雪を処方した清原為信は医師であり、紅雪を投与する際には必ず関わっている人物でもある。また処方した患者は三条天皇のみということから、実に興味深い人物と言える。

この紅雪とは入手が難しい秘薬であったのだろうか。『医心方』によると、主治する症状としては次のようにある。

水に溶かして服用するもの
一切の丹石による発熱、天行、時行、温虐、疫疾、癰疽が背中にできたもの、上気、咳嗽、脚気、風毒、肺気、旋憒、顔や目のむくみ、心胸伏熱、骨熱、労熱、口の渇き、口臭、熱風衝上、等

酒に溶かして服用するもの
さまざまな気が結聚したもの、胸腹部の脹満、消化不良、淡水、積聚、嘔吐、風邪にあたって悶絶したもの等

また『服石論』では、紅雪は口伝によって師から伝授された秘術であるから、みだりに伝えないようにとも書かれている。紅雪は右の効能から万能薬とも言えるが、実際に効いたかどうかは分からない。

さてこの紅雪は、『御堂関白記』にも記述がみられ、道長も服用していた薬である。しかし何に対す

る治療に使用したのか記述が無いため、やはり詳細は不明である。先の『小右記』長和三年三月七日条では、腹病に対して服用を勧められているが、紅雪の効能に胸腹部の脹満等があるため、使用されたのであろうか。加えて紅雪には解熱の作用も含むため、これは腹病に伴う発熱に対する投与であったかも知れないが、これだけでは腹病の詳細も、紅雪の詳細も不明であると言わざるを得ない。

X．胸病

胸病の定義について、服部氏は、「腹部の病気の総称したもので、このなかには肺疾患のみでなく、胸部の神経痛あるいは心臓疾患も包含されていたもの」と述べられている。「IX．腹病」で扱った腹病と同様に、広範囲の病状を含む胸病について特定の病状を断定することは、非常に困難な作業である。胸病は神経痛あるいは心臓疾患のほか、肺結核なども疑われ、そのほか精神的な心の病から胸病とされたものもあると考えられる。判断が難しい疾病であるが、残された史料から検討していくことにする。

文学作品では、『栄花物語』『大鏡』には「胸」に関する言葉は多く該当したものの、「胸塞る」や「胸つぶれる」といった心理状況を示す言葉がほとんどで、直接病に繋がる記述は見つからなかった。

古記録では「胸」に関する事例はたくさん見られたが、そのなかから服部氏が採り上げたもの、また道長に関するもの、特に症状が書かれているものを選択して次の表に示した。

表九　『御堂関白記』『小右記』『権記』に記された胸病

	和暦年月日	時間	本文	対象者	
1	永祚元年十月廿七日		左府、今日、内に参る。式部省の官人を召問せらるべし。「或いは参り、胸病を称し、直ちに以て退出す。或いは急病を称し、解脱して内記局に臥す」と云々。「仍りて事の問ひ無く退出す」と云々。	式部省官人	小
2	正暦元年八月十六日	去夜	「主上、去ぬる夜、重く悩み御す。此れ御胸病、又、御赤痢」と云々。	一条天皇	小
3	長徳二年五月三日		「出雲権守隆家、胸病を煩ふに依りて、尚ほ皮島の辺りに在り」と云々。出雲権守の許より書札を送る。「病に依りて暫く逗留す。兼ねて母氏の存亡を見るべき由、奏状を付さんと欲す」てへり。	藤原隆家	小
4	長保四年四月二十三日	亥剋	散位従五位下源朝臣政道、卒す。前備前介相近朝臣の一男なり辰剋以後、忽ちに胸病を煩ふ。亥剋、遂に亡ぬ。。	源政道	権
5	寛弘七年十一月二十二日		中宮大夫、直ちに退出す。胸病に依るなり。	藤原斉信	権
6	長和四年十二月五日	去夕	去ぬる夕、御書始所より退出せる後、終宵、胸を煩ひ、尋常に従はず。	藤原実資	小
7	長和五年二月廿五日	日来	中将雅通の許に云ひ遣はす。報じて云はく、「日来、胸病を煩ふ。昨今、頗る平気有り。吉日を択び、定め申すべし」てへり。	源雅通	小
8	寛仁二年四月九日	亥時 丑時	女方と中宮に参る。亥時ばかりより、胸病を悩むこと、甚だ重し。丑時ばかり、頗る宜し。摂政の他、子等、皆、来たる。	藤原道長	御
9	寛仁二年四月十日	去夜	大殿、去ぬる夜、胸病を悩まる。平気有りと雖も、猶ほ尋常に背く。夜に入りて、宰相、来たりて云はく、「聊か云ふべ	藤原道長	小

			き事有りて、源中納言経房。の許に向かふ。大殿、重く悩み給ふ告げ有り、馳せ参る」てへり。思慮するに、余、近処に候ずるに、事の由を申さざるは如何。仍りて書札を源納言の許に送る。即ち返報有り。彼の殿の御消息に、「去ぬる夜より、煩ふ所、堪へ難し」てへり。私かに問ふに云はく、「只今、頗る宜し」と云々。		
10	寛仁二年四月十一日	一昨夜	懐信朝臣を呼び、大殿の悩まるる案内を問ふ。一昨夜より、俄かに中宮に於いて胸を悩み給ふ。暁に臨み、更に平復す。	藤原道長	小
11	寛仁二年閏四月十五日	戌時 暁方	戌時ばかりより夜を通して、胸を悩む。心神不覚なり。暁方、□□	藤原道長	御
12	寛仁二年閏四月十六日	戌時 暁方 去夜	寅時ばかり、出納元春、申さしめて云はく、「大殿、夜の間より重く悩み給ふ。御胸。上達部及び上下の人々、参集せらる」てへり「元春の宅、大殿の辺りに在り」と云々。。即ち案内せしむるに、事、已に実有り。……将軍、云はく、「昨日、土御門第に坐す。其の間、胸痛き由を命せらる。昏に乗じて帰らる。殊なる事無し。即ち罷り出づ。戌剋ばかり、悩み給ふ告げ有り。驚きながら馳せ参る。通夜、不覚に悩み給ふ。今の間、休息せしむ」と。立ちながら暫く清談す。帰り登り、迺ち帰り出づ。命を伝へて云はく、「去ぬる夜、胸病、重く発る。已に存すべからず。今も猶ほ、堪へ難し」てへり。少時くして退出す。「今夜、大殿、北方を引率して法性寺に参らる」と云々。御胸、未だ平損せざるに依るか。	藤原道長	小
13	寛仁二年閏四月十七日	昨日 午上 午後 去夜	早旦、左京進祐基を召し、大殿の案内を問ふ。申して云はく、「昨日、御胸、午上、頗る宜しく坐す。午後、発り悩み給ひ、御心地、宜しく坐さざる由」と云々。「今日より御修法を行なはれんが為、去ぬる夜の亥剋、法性寺に参り給ふ。	藤原道長	小

			北方、同じく参り給ふ。心誉僧都前僧都なり。を以て之を行なはる」てへり。「摂政并びに家の子の卿相・近習の公卿、同じく候ぜらる」と云々。法性寺に参詣す。触穢に依り、大門の辺りを徘徊す。懐信朝臣を以て、左将軍に達す。将軍、即ち来たりて大閤の命せを伝へて云はく、「昨日の午後、重く発り悩まる。仍りて俄かに思ひ立ち、参らる。乗車の後、御胸、平復す。但し御心地、頗る悩気有り」てへり。余、退出する間、侍従中納言行成。・右大弁朝経。、参入す。大門に於いて暫く談ず。河原に於いて、按察大納言斉信。に相逢ふ。各、車を留め、雑事を語る。「大殿の御心地、太だ思ひ悩む。去ぬる夜、悩み給ふ間、叫び給ふ声、甚だ高し。邪気に似る。夢想、静かならず」てへり。		
14	寛仁二年閏四月廿四日		宰相、来たりて、今日、法性寺に参る由を言す。衡黒、重ねて来たりて云はく、「按察大納言・四条大納言、及び他の卿相、多く参入す。簾前に於いて雑事を談らるること、尋常のごとし。幾くならず、俄かに御胸病、発動し、重く悩み苦しみ給ふ。声、太だ高く、叫ぶがごとし。僧等、相集ひ、加持す。霊気、人に移りて、平復せらる」と。	藤原道長	小
15	寛仁二年閏四月廿九日		心地、悩気無きに依り、寺より出づ。東河に於いて、吉平を以て解除せしむ。還り来たる後、又、胸を悩む。極めて堪へ難し。	藤原道長	御
16	寛仁二年五月十八日		又、胸、発動す。極めて堪へず。	藤原道長	御
17	寛仁二年五月廿一日	巳時	今日、主人、云はく、「今朝、内に参る。極めて無力。近日、枯槁、殊に甚し。去ぬる年より倍す。又、一昨、胸病、発動し、悩苦の間、弥よ無力」てへり。	藤原道長	小
18	寛仁二年五月廿七日	未剋	未剋ばかり、義光、大殿より来たりて云はく、「御胸、重く	藤原道長	小

			発り給ふ。摂政及び家の子・近習の卿相等、馳せ参る。殿中、静かならず。小時くして、頗る尋常に復す」と。		
19	寛仁二年五月廿八日	昨日晩	晩景、宰相、大殿より来たりて云はく、「御胸、昨日の晩以来、殊なる事無し」と。	藤原道長	小
20	寛仁二年六月廿一日	去夕 今暁	早旦、宰相、来たりて云はく、「去ぬる夕、大殿、御胸、発り給ふ。即ち平復す。今暁より重く発り悩み給ふ」てへり。驚きながら、辰剋ばかり、参入す宰相、同車す。。諸卿、多く参入す。摂政、発り給ふ案内を談らる。其の後、左大将教通。、御消息を伝ふ。午剋ばかり、退出す。	藤原道長	小
21	寛仁二年十二月廿八日	晩頭 午剋	宰相、晩頭、来たりて云はく、「経国、云はく、『大殿、内裏に坐すに、御胸、忽ち発り悩み給ふ。上達部、馳せ参る』てへり」と。宰相、案内を章信朝臣に取るに、使の男、帰り来たりて云はく、「只今戌剋。、内より出で給ふ。仍りて章信朝臣に相逢ふべし」てへり。又、追ひて帰し遣はすに、亥剋ばかり、返事を持ち来たる。「太殿、午剋ばかり、御胸を悩み給ふ。夜に入りて、退出せしめ、只今、殊なる事、御坐さず。仍りて、上達部、退出す」てへり。	藤原道長	小
22	寛仁二年十二月廿九日	未剋 昨	大殿の御胸の事、宰相を以て案内を取らしむ。帰り来たりて云はく、「源中納言経房。を以て消息を申さしむるに、命せて云はく、『昨日、内に候ずる間、未剋ばかり、胸病、忽ち発り、為す術無し。晩に臨み、頗る宜し。仍りて退出す。是れ熱、発るなり。今夜、薄衣を着し、筵上に臥して、平復を得』てへり」と。……又、云はく、「明日の追儺の間に上表し、暁に山に登り侍るべし。大殿、昨、御胸を煩ひ給ふ。若し平復し給はざらば、彼の平不を聞き定むる後、山に登り侍るべし。表に於いては、必ず上り侍り」てへり。	藤原道長	小

23	寛仁三年正月十日	辰巳 入夜	辰巳時より、例に胸、発動す。前後、不覚なり。仍りて法性寺に詣でず。夜に入りて、頗る宜し。	藤原道長	御
24	寛仁三年正月十七日	巳時	巳時ばかりより、胸病、発動す。辛苦すること、終日なり。	藤原道長	御
25	寛仁三年正月十二日	一昨	早旦、前太府に参る宰相、車後に乗る。。新中納言能信。に相逢ひ、案内を申さしむ「一昨より御胸を悩み給ふ」と云々。仍りて参入する所。。報ずる旨有り「去ぬる夕より平復せらる」てへり。。源中納言、参会す。暫く以て清談し、退出す。	藤原道長	小
26	寛仁三年二月四日	今朝	宰相、来たる。小時くして、退去す。又、来たりて云はく、「『大殿の御胸、今朝、発り給ふ』と云々。仍りて参入す」てへり。「今旦、此れ有り」と云々。「家の子の卿相、車を飛ばし、馳せ参る」と云々。其の後、音無し。殊なる事、坐さざるか。滝口惟光、云はく、「大殿、去ぬる夜、内に参る。候宿せしめ給ふ。払暁、出で給ふ」てへり。疑ふに、若しくは御胸、発り給ひ、暁更、退出し給ふか。夜に入りて、宰相、来たりて云はく、「大殿に参る。斉朝臣、云はく、『殊なる事、坐さず』てへり」と。	藤原道長	小
27	寛仁三年三月十八日	丑剋	宰相、来たりて云はく、「大殿、胸病を煩ひ給ふ由、章信朝臣の告げ有り。仍りて参入す」てへり。……四条大納言、同じく大閤の御胸の事を示さる。又、云はく、「左大将教通。、一日、灸治す『近曽より腋に熱腫有り』と云々。臨時祭以前の事なり。試楽・祭等、参らず。」と。宰相、午剋ばかり、殿より罷り出でて云はく、「丑剋ばかりより、御胸、大いに発り給ひ、不覚。只今、聊か隙有り。邪気、人々に駆り移す。貴布禰・稲荷等の神明と称す」と云々。	藤原道長	小
28	寛仁三年三月十九日		大殿より退出して云はく、「御胸、平復す。但し悩み給ふ体、太だ軽からず。昨・今、卿相、雲集す。今日、高松の百日。	藤原道長	小

			院の召しに依り、卿相、参入す」と云々。		
29	万寿四年六月十六日		侍従が為、恒盛をして鬼気祭を行なはしむ。侍従、胸病・頭風、競ひ起こり、辛苦、極まり無し。仍りて三口の僧念賢・運好・忠高。を以て、五个日を限りて薬師経を転読す。	藤原経任	小

服部氏は、1『小右記』永祚元年十月廿七日条や、2『小右記』正暦元年（九九〇）八月十六日条の症状から、一部判断を迷いつつも、この病を胸部の突発的な病気と診断している。だが史料を細かく検討していくと、1の事例は、式部省官人が胸病と称して試験監督を放棄するという内容の記事である。続いて2の事例は、一条天皇が胸病か赤痢か判断を迷っているという内容である。特に1の史料に関しては、明らかに仮病であるので、これを以て胸病であるとするには問題があるとしか言いようがない。

それでは古記録のなかで、仮病等ではなく本当に胸病を患っている場合、どのような症状を呈しているだろうか確認していきたい。

11『御堂関白記』寛仁二年閏四月十五日　「心神不覚なり」
15『御堂関白記』寛仁二年閏四月廿九日　「極めて堪へ難し」
16『御堂関白記』寛仁二年五月十八日　「極めて堪へずし」
17『小右記』寛仁二年五月廿一日　「悩苦の間、弥よ無力」

23『御堂関白記』寛仁三年正月十日　「前後、不覚なり」
24『御堂関白記』寛仁三年正月十七日　「辛苦すること、終日なり」
29『小右記』万寿四年六月十六日　「辛苦、極まり無し」

どの事例も肉体的に辛く、精神的にも苦しい状態を示してはいるものの、痛みの箇所や詳しい症状を記述しているものはない。この胸病による諸症状は、服部氏が述べているように、胸部臓器の疾患の総称名であって、呼吸器や心臓の疾患、あるいは胸部の神経痛、筋痛のごときものの本症に包括されていたとは考えられる。だが、循環器の具合が悪いのか、心臓が痛むのかまでは、古記録から読み取ることは困難であるといえよう。

胸病のみにみられる特徴として、発症した時間の記述が詳細に書かれているということが挙げられる。寸白のように病因がはっきりしないものや、発症期日を特定するのが難しい病に比べて、胸が苦しいという症状は、他人がみても判りやすく、また自覚しやすいため、詳細な記述となったのであろう。

本章では、服部氏の『王朝貴族の病状診断』に採り上げられた十種の疾病について、文学作品と古記録に記された疾病とを比較し、それが同じ症状や容態を示しているかについて検討してきた。

服部氏は、主に文学作品に記された病状内容を、病状診断の根拠としている。古記録を解読していくと、服部氏の述べられたものと同様の症状も記述されている場合もあるが、しかし実際の症状と、服部氏が根拠とされた文学作品に見える症状とは差異がある場合が多く、服部氏の診断が必ずしも絶対的に正しいわけではなく、不確実性を持っていることが分かった。

摂関期の貴族たちの疾病に対する認識としては、現代医学とは逆の発想であると言える。つまり、現代医学の観点では、疾病による身体の不調がまずあって、その要因が何であるかを考える。しかし平安貴族たちは、物怪が先に存在し、その所為として疾病に罹るという思考パターンなのである。

貴族たちは病名を特定してはいても、その病因は知らずに、病因を誤解しているということであろう。

第三章　王朝貴族の宗教的治療

本章では、現代でいう科学的治療ではない、宗教的な治療について考えていく。加持祈祷や修法も、当時は治療の一環であり、摂関期の人々にとっては、重要かつ最先端な治療法であったと考えられる。第一章での投薬や外的治療は、現代の私達に近い治療法といえるが、ここでは精神面における治療について焦点を当てる。

貴族たちが疾病を患った際に、医師を呼び診断をさせ、必要とあらば服薬や外的な治療を行なってきたことは、第一章でみてきたとおりである。その診断の際に、医師のほかに僧や陰陽師などを召すこともあった。彼らには、治療における役割分担というものがあったのであろうか。摂関期の貴族たちが行なった治療行為の様相を、宗教的治療のあり方や僧・陰陽師の役割と織り交ぜながら、さらに考察を深めていくことにしたい。

まず第一節では、僧が治療の場面で果たした役割について考察していく。僧は主に加持祈祷などの宗教的な活動を通して、貴族たちの治療に対処している。それらによって、実際に疾病が治癒したのか、その実態についても考えてみたい。

続いて第二節では、疾病時に貴族の許を訪れた陰陽師について、彼らは何を行ない、そしてどのような存在意義を持っていたのかについて明らかにする。果たして陰陽師も疾病の診断や治療行為を行なっていたのだろうか。それとも医師とは違った関わり方をしていたのであろうか。そのような点に注目しながら、医師と陰陽師の役割分担の問題について考察していきたい。

第三節では、貴族が行なった宗教的な治療について考えていく。古記録の解読から、彼らの治療に対する姿勢をみていくと、心の平安を得ることを最大の目的とし、そのために行なう加持祈祷や修法といった営為も、治療の一環と見做されていたように思えてならない。貴族とは、加持祈祷により精神面をケアしつつ、医薬も使用し、実に合理的に治療営為を構成した進取的な人々ではなかったか。

そもそも平安貴族たちにとって治療とは、どのようなことを意味するものであったのだろうか。現代の科学的医療が目指す病因の根治という概念を、摂関期の貴族たちも持ち合わせていたのだろうか。現代医学ではおよそ治療の概念から外れると思われる宗教的治療に対して、貴族たちがどのような意思で、どのような効果を期待していたのかという問題について、貴族の内面の精神性とも絡めて考察していくことにしたい。

第一節　加持祈祷と修法

本節では、古記録にみえる藤原道長・藤原実資・藤原行成に出入りしている僧が、疾病の際にどのような対処や施術を行なっていたかを明らかにしたい。また、彼らが何らかの特定の役割を担っていたかどうかについても比較していきたい。

第一章では、疾病時に実資に関わった「僧医」と呼ぶべき存在である定延について検討した。定延は疾病の際に診断を行ない、現代的な治療を施している。通常の僧が行なうであろう加持祈祷といった宗教的活動は行なわずに、医学的な治療行為を行なう人物として、定延は稀有な存在であったと言える。「治療」とは、肉体的治癒だけを指すものではなく、精神的治癒という側面も併せ持つ。本節では、定延に代表される現代的な医師に近い僧ではなく、宗教的活動により治療を行なう僧を考察の対象としていきたい。

現代の私たちは、護摩焚きや神頼み、お百度参りといった宗教行為を、健康回復の手段や医学的な治療行為とは別に行なうことはあっても、そこに完全な回復を期待することはしない。また、ほとんどの人たちは、極楽往生といった来世への期待もしていないのが現状であろう。

しかし、加持祈祷という宗教活動は、摂関期の貴族たちにとっては治療行為の一つとして捉えられており、事実、その祈祷により疾病が回復している例も存在しているのである。たとえ回復しなくても、極楽に往生できると思うことが多かった。肉体的な解決に加えて精神的な解決こそが、彼らに求められていたものであったのであろう。

では、この宗教的分野において、僧はどのような行動を行ない、また役割を持ち合わせていたのかについて検討していくことにする。

I．古記録に記された僧の役割

古記録から、僧は朝廷や公卿の邸宅において様々な宗教的行事に従事しているほか、疾病時に加持や祈祷といった治療行為を行なっていることが分かった。古記録中、僧が疾病の際に貴族の許を訪れ、加持祈祷を行なった記事は、『御堂関白記』『小右記』『権記』共に記述が多い。合わせて百件ほどの記事が該当したが、そのなかで病気に関連すると思われるものを確認していくことにする。次の表一『権記』では、九件が該当した。

表一　『権記』に記された加持

	和暦年月日	本文	僧	対象者
1	長保元年十二月四日	僧正を請じ奉り、小児を加持せしむ。麻布百端因幡の俸料。を以て、僧正の御房に奉る。明日より教静闍梨をして、小児の為に芥子焼を修せしむべし。	観修 教静	藤原行成 小児
2	長保二年十二月十六日	又、皇后宮の御事を申す。世間の作法、□□乱るるがごとし。大僧正に謁し奉り、護身を受く。心神、甚だ頼る。	観修	藤原定子
3	長保三年九月十八日	云はく、「院、御悩有り」てへり。驚きながら参る。兵部大輔、御悩、甚だ重きを示す。「諸僧等、加持し奉る。頗る宜しく坐す」てへり。	僧	東三条院
4	長保四年三月十四日	弾正宮に詣づる間、前大僧正、過ぎらる。即ち同車して彼の宮に詣づ。御加持の間、邪気、調伏す。	観修	為尊親王
5	長保五年八月廿九日	御悩に依りて、一宮に参る。光栄、御祓を奉仕す。邪霊の気有り。仍りて去ぬる夜、慶円、御加持す。聖全、亦、候ず。晩景、大僧正、御加持に参らるる間、宜しく御坐すべし。	慶円 観修	敦康親王
6	寛弘三年	女人に病の気有り。仍りて世尊寺に向かふ。僧正の加持を請ひ奉る。病を除か	観修	藤原行成室

	四月十二日	んが為なり。		
7	寛弘六年二月十八日	主上、御悩あり。仰せに依りて、左府に申す。左府、参り給ふ。慶円僧都、加持を奉仕す。	慶円	一条天皇
8	寛弘八年六月十三日	右大臣に仰せ、除目の事有り此の間、旧主の御悩、危急なり。上下、騒動す。権僧正、参上し、加持し奉る。酉剋に及び、頗る平愈し給ふ。。	慶円	一条院
9	寛弘八年六月廿二日	権僧正并びに僧都深覚・明救・隆円・院源・尋光、律師尋円等、又、近く候じ、念仏す。僧正、魔障を追はんが為、只、加持を奉仕するなり。辰剋、臨終の御気有り。仍りて左大臣、右大臣以下に示し、皆、殿を下らしむ。「暫くして、蘇生せしめ給ふ」と云々。	慶円	一条院

表一の『権記』に記述された僧は、観修、教静、慶円であった。なかでも観修は、藤原行成の室や小児が病の時に関わり、個人的な信頼や繋がりを持っていたことを推測させる。また、観修は加持祈祷の際に治療行為等を全く行っていなかった。観修は『御堂関白記』には八件程記述が残り、藤原道長の信任も得ていたようである。しかし道長や藤原実資個人のために加持祈祷を行った記録はみつからなかった。因みに、この後の表三『小右記』で確認していくが、実資の小児の病に関わった僧は、證空と仁海が多かった。これは特定の僧が、特定の貴族と結びついていると考えられるのではないだろうか。

次に『御堂関白記』をみていこう。加持祈祷に関する記事は九件該当した。

表二　『御堂関白記』に記された加持

	和暦年月日	本文	僧	対象者
1	寛弘五年	丑時ばかり、敦兼朝臣の曹司の者、来たり、申して云はく、「只今、不	僧	藤原敦兼

	二月廿日	覚なり。僧を賜へ」と云々。仍りて人々を遣はし、案内せしむるに、不覚の由を申す。僧を以て加持せしむるに、「猶ほ不覚」と云々。寅時ばかり、私家に送る。妾と同車す。辰時ばかり、申し送りて云はく、「只今、死去す」と云々。		
2	長和元年四月廿八日	「皇太后宮より悩み給ふ由」と云々。参入するに、日来、御歯を悩み給ふ。大いに腫るるなり。阿闍梨心誉を召し、加持を奉仕する間、忽ち以て平復す。験得、極まり無し。未だ此くのごとき事を見ず。	心誉	藤原彰子
3	長和元年七月廿二日	今日、御当日に依り、然るべき僧等を召し、御加持、并びに御読経を奉仕せしむ。然るに尚ほ発り御座す。	僧	三条天皇
4	長和元年七月廿六日	今日、御当日なり。然るべき諸僧等を召し、加持を奉仕せしむ。発り御座さず。仏法有り。件等の召僧等、多く是れ余、悩む間、来向の僧等なり。其の験有るに依り、召す所なり。感悦、極まり無し。本より候ずる所の僧、面目無し。	僧	三条天皇
5	長和元年八月十五日	然るべき僧等を召し、初めのごとく御加持・御読経を奉仕せしむ。慶円・明救は参らず。而るに此の度は発り御座さず。参らざる上﨟の人々、面目無きに似る。	僧	三条天皇
6	長和二年八月廿一日	修善、結願す。各、後加持あり。	僧	藤原道長
7	長和四年六月十九日	未時ばかり、資業朝臣、来たりて云はく、「只今、大内に参るべし。御心地、例ならず」と云々。仍りて馳せ参る。御悩、重きに似る。御身、熱気有り。暫く加持を止む。	僧	三条天皇
8	寛仁二年八月廿六日	宮の仰せに依り、懐信、山に登る。是れ座主を召す使なり。	慶円	敦良親王
9	寛仁二年八月廿九日	早朝、東宮に参る。座主を初めと為て、候ずる僧、大僧都尋円・前少僧都心誉・少僧都永円・法眼源賢・律師叡効、加持す。法華経不断、律師	慶円・尋円・心誉・永円・	敦良親王

		懐寿・明尊・定基。仁王経、僧都扶公・律師尋清。此の日、発り給はず。	源賢・叡効・懐寿・明尊・定基・扶公・尋清	

2長和元年（一〇一二）四月廿八日条、4長和元年七月廿六日条では、治療の一環として僧を召し、加持祈祷を行なわせている。そしてその験あって二例とも、患者の症状は回復しているのである。しかも、4長和元年七月廿六日条においては、「其の験有るに依り、召す所なり」とあるように、特定の僧がわざわざ召されている。これは、当時の貴族たちの間に、僧の治療実績や名声が周知されていたことを示している。また、表二にみられる僧たちは、修善や御修法といった宗教的行事にも多く携わっていた。

平安貴族は、実際に疾病が根治しなくても、その瞬間に精神的回復を得られれば疾病が回復した、と認識していた。僧は加持祈祷を通じて、患者を平静な状態に戻す精神的ケアに優れていたと理解すべきであろう。

同様の記事は『小右記』にも数多く見られる。次の表三は『小右記』のなかで病気に関連する加持祈祷等を行なった記述である。これを見ると、医師の治療よりも、むしろ加持祈祷が重視されていたことも多かった、と言えるであろう。

表三　『小右記』に記された加持

	和暦年月日	本文	僧	対象者
1	永観二年十月九日	頗る許さざる色有り。候宿す。今夜、御歯を悩ましめ給ふ。御加持の事有り。	僧	円融天皇
2	寛和元年六月十日	平孝・勝祚等を以て、小児を加持せしむ。	平孝 勝祚	藤原実資小児
3	永延元年六月十日	赤痢、猶ほ未だ愈えず。仍りて呵梨勒丸三十丸を服す。三・四度、快瀉す。……證空師を招き、今夜、加持を受く。	證空	藤原実資
4	永延元年六月十四日	前日、呵梨勒丸を服する後、所労、已に平損す。而るに昨日、更に発る。仍りて今日、重ねて呵梨勒丸を服す。四度、快瀉す。晩景、心神、宜しからず。僧家をして加持せしむ。夜に入りて、頗る宜し。	僧	藤原実資
5	永延二年十月廿五日	此の四・五日、腰病を悩み煩ふ。證空師を招き、加持せしむ。昨日、晴空師を喔し、加持せしむ。	證空	藤原実資
6	永祚元年六月廿一日	晴空師、内方の為に加持す。今日より以泉読師を屈請す。今日より小児の為に仁王経を転読せしむ。	以泉	藤原実資室 藤原実資小児
7	永祚元年六月廿四日	或る告げに云はく、「皇太后宮、夜中ばかりより危急に悩み給ふ」と云々。慥かに案内を取る。卯時ばかり、参入す。是より先、公卿、多く参入せらる。種々の大願を立てらる。又、御前に於いて童部の頭を剃らしむ。定覚阿闍梨、年来、雲林院に籠居す。右衛門督道長・右大弁在国を差し、召し遣はす。巳時ばかり、将来す。即ち加持し奉る。	定覚	藤原詮子
8	永祚元年七月十六日	「室町殿、此の未時ばかりより、俄かに以て危急。身体、動かず、已に気を絶つに似る」と云々。仍りて物忌を破り、馳せ向かふ。□□願を立てしむ。證空□、去ぬる十二日、修善す。此の間、内方、俄かに又、悩み煩ふ。早く帰り、□□□を以て加持せしむるなり。夜に入りて、室町に詣づ。匠作・蔵	證空 叡増	藤原実資姉 藤原実資室 藤原実資小児

		頭、同じく詣づ。人々に逢ひ、問ふに、頗る動揺の気□。然れども言語すること能はず。既に邪気に似る。深更、室町の奉為、諷誦を修せしむ。叡増師を以て、小女児の為、今日より始め、七个日を限り、芥子を修せしむ。		
9	永祚元年七月十八日	「室町、重く悩み給ふ由」と云々。仍りて諷誦を修せしむ。	僧	藤原実資姉
10	永祚元年七月廿三日	小児、日ごろ、悩み煩ふ。昨日より腹中、擁結す。痢、下し難し。就中、今日、重ねて以て痛み悩む。仍りて證空・住源師等を招き、加持せしむ。邪気を駆り託し、頗る平気を得。	證空 住源	藤原実資小児
11	正暦元年七月六日	小児の病、極めて重し。他の事に非ず。痢病、数々。敢へて留むべからず。元寿阿闍梨をして小児に法名を授けしむ薬延。広隆寺に寄せ奉る。。兼ねて彼の闍梨に預け、等身の薬師仏を造り奉らしむべき願を立つ。夜に入りて、義蔵阿闍梨・覚縁上人、来たり訪ふ。蔵闍梨を以て願書を読ましめ、兼ねて祈願を致す。覚縁師を以て加持せしむ。	元寿 義蔵 覚縁	藤原実資小児
12	正暦元年七月七日	小児の悩む所、極めて重し。内外の大願を立て、彼の児の用ゐる所の銀器等を捨て、内外の祈りを致す。済救・叡増両人を以て、各、両壇の善を修せしむ。今夜、法橋奝然、来たりて祈る。覚縁、来たりて加持す。児の枕上に於いて、平実師をして、千巻の金剛般若経を始め読ましむ。炎魔天を顕し奉る。今夜、奉平を以て招魂祭を行なはしむ。	済救 叡増 奝然 覚縁 平実	藤原実資小児
13	正暦元年七月八日	法橋、今夜、同じく来たり、祈祷を致す。兼ねて大願を立てしむ。児の病、□重く、心神を失ふ。陳泰朝臣をして、鬼気祭を行なはしむ。晴空、来たり、加持す。義蔵闍梨、易筮して云はく、「病、重きに至ると雖も、更に巨害無きか。又、一両の祟り有り。七月節の寅・申の日、平愈を得るか。兼ねて忌み慎しむべし」てへり。	奝然 晴空 義蔵	藤原実資小児
14	正暦元年七月九日	今日より四个日、氏の所の物忌。仍りて他行せず。元寿闍梨をして種々の大願を立て申さしむ。小児の病、殊に重きに依る。今夜半ばかり、小児、已に	元寿 慶円	藤原実資小児

		以て不覚。仍りて五戒を授けしむ。元寿を以て戒師と為す。用ゐる所の銀器を以て、皆、仏界に捨つ。又、同じく枕上の釵を捨つ。櫛笥を以て諷誦を修す清水寺。。夜中、使を差し、慶円律師の許に遣はし、中堂に祈り申さしむ。又、願書を遣はすなり。		
15	正暦元年七月十日	暁更に及び、小児、蘇生す。余、自ら種々の祈りを致す。頗る神感有り。又、済救・叡増両師、霊気を両女に駆り移す。従父弟の假三个日を請ふ。晩景、児女、重く悩む。慶縁師をして加持せしむ。	済救 叡増 慶縁	藤原実資小児
16	正暦元年七月十一日	申剋ばかり、小女児、入滅す。悲歎・泣血す。是より先、種々の大願を立つ。兼ねて童三人の首を剃り、戒を授けしむ。悲慟に耐へず。通夜、加持せしむ。		藤原実資小児
17	正暦四年二月七日	昨日より證空阿闍梨を招き、病者を加持せしむ。今日、皇后宮より権大進正信朝臣を使はし、證闍梨の假文を仰せらる。明々日より修善を始めしむべし。仍りて其の由を啓し了んぬ。	證空	藤原実資室
18	正暦四年六月五日	小尼、今日、不覚。仍りて両度、證空阿闍梨を招き送る。「藤相公の修善、昨日より俄かに始め行なふ。悩む所、重きに依り、其の隙無し」と云々。仁海師を呼ぶ。晩頭、来たる。通夜、加持せしむ。邪気両三、人々に駆り移し、調伏す。	證空 仁海	藤原実資小児 藤原公任
19	正暦四年六月六日	今朝、高昭を差し、来たるべき由を示し送る。「今夕、来たるべし」てへり。頗る験有る師なり。尼、昨日より聊か其の隙有り。然れども猶ほ重し。陳泰朝臣を以て、占はしめて云はく、「煩ひを経べきに似る。但し巨害無きか」てへり。晩、仁上人、来たる。通夜、加持す。余、心神、例ならず、飲食、猶ほ減ず。	高昭 仁海	藤原実資小児
20	正暦四年六月八日	寺より示し送りて云はく、「去ぬる夕より尼、頗る飲食有り。又、女房、心神、例のごとし。邪気、通夜、調伏せらる」と云々。	（仁海）	藤原実資小児 藤原実資
21	正暦四年六月十四日	今朝より俄かに重く悩み煩ふ。其の体、邪気に似る。仍りて仁海上人を招く。深更、来たる。加持の間、邪気、出で来たる。宵を通し、調伏す。	仁海	藤原実資室

22	正暦四年六月十八日	昨日より女人、煩ひ有り。仍りて證阿闍梨を請じ、加持せしむ。邪気、出で来たる。調伏の後、已に以て平復す。	證空	藤原実資室
23	長保元年七月八日	中将、昨より小便せず辛苦す。證闍梨、来たりて加持するに、快尿す。	證空	源頼定
24	長保元年八月廿八日	宮に参る。頗る悩み御する気有り。権僧正観修、加持に候ず。	観修	昌子内親王
25	長保元年九月廿二日	早朝、宮の大盤所より告げ送りて云はく、「去ぬる夜より不覚に悩み御す」と。此の間、権亮朝臣、来たる。驚きながら亮朝臣を奉る。余、慎しむ所有りて、早く参らず。又々の案内に随ひて、参入すべき由を申さしむ。大進雅致朝臣、来たる。事の案内を問ふに、御悩、重痢、発り御するに似る。御占の事を奉らしむべし。明日より日中、御修法を始むべき事、同じく仰せ了んぬ。……御悩の案内を数度、啓せしむ。黄昏、示し送りて云はく、「又、発り給ふ」てへり。「勝算僧都、御加持を奉仕す」と云々。	勝算	昌子内親王
26	長保元年十月廿四日	宮の御悩、重く発り給ふ由、台盤所より告げ有り。雨を冒して参入す。女房、云はく、「通夜、重く悩み給ふ。暁更に臨み、僅かに蘇息す。今日、猶ほ不快」と。今日より阿闍梨教静を以て不動調伏法を行なはる。黄昏、退出す。渡御すべき処に於いて、今日、五口の僧を以て御読経有り。御修法、同じく彼の処に於いて行なはる。	教静	昌子内親王
27	長保元年十一月一日	宮、重く悩み給ふ由、忽ち其の告げ有り。仍りて馳せ参る。「巳剋ばかり、取り入られ給ひ、少選くして蘇生す」てへり。「今の間、起居し御坐す」てへり。又、重く悩み給ふ。手を分かち、僧正観修・僧都勝算・阿闍梨慶祚等を召し遣はす。僧都、参入し、不断法花経御読経を始め行なはる。僧都の御加持の間、頗る宜しく御坐す。	観修 勝算 慶祚	昌子内親王
28	長保元年十一月四日	宮の御悩の案内、早旦、之を取る。「去ぬる夕、悩み給ふ。暁に及び、宜しく御坐す」てへり。昼の間、重ねて案内を取る。「申剋ばかり、悩み給ふ。勝算僧都、加持を奉仕す。邪気を一両の女人に駆り移す後、頗る宜しく御坐	勝算	昌子内親王

		す」てへり。		
29	長保元年 十一月十三日	「宮の御悩、去ぬる夜より宜しく御坐す」てへり。……宮の御修法、今日、結願す。僧正観修なり。今日より勝算、御修法を奉仕す。	観修	昌子内親王
30	長保元年 十一月十八日	證空阿闍梨を招き、二十日より宮の御修法を奉仕すべき事を懇切に相談ず。再三、辞退す。然れども強ひて以て相示す。憖ひに以て請け申す。即ち事の由を啓せしむ。	證空	昌子内親王
31	長保元年 十一月廿四日	御悩、殊に甚し。僧等、御加持を奉仕す。幾くならず、宜しく御坐す。	僧	昌子内親王
32	長和元年 四月九日	又、云はく、「皇太后宮、俄かに悩み給ふ。左府、営ぎ参らる。僧等、加持し奉る。頗る宜しく御坐す由、彼是、云々す」と。彼是の気色、静かならず。加持の声、甚だ高し。	僧	藤原彰子
33	長和元年 六月廿一日	暗きに入り、景斉、来たりて云はく、「相府、未剋ばかり、加持せられ給ふ。其の後、御堂を出でらる。気色、頗る不予」てへり。	僧	藤原道長
34	長和元年 七月十三日	聖上の不予の事、案内を右衛門督に取るに、内より示し送りて云はく、「殊なる事、御坐さず。女房、云はく、『御風病、発り御す』と云々。十六日より文慶を以て御修法を行なふべし」と云々。	文慶	三条天皇
35	長和元年 七月廿一日	「昨の午三剋、発り給ふ。覚め給ふ後、御心地、猶ほ不快なり」てへり。「今日、悩気、御坐す。御邪気、相交はるか」と云々。「景理朝臣の伝へ談る所なり」てへり。「明日、験有る僧等、参入し、同心合力し、加持し奉るべし。亦、二十四日より不断大般若御読経を行なはるべし。又々、種々の御祭及び御祓等を行なはるべし」てへり。	僧	三条天皇
36	長和元年 七月廿二日	人々、云はく、「一昨、巳剋より発り給ふべき気有り。而るに今日、已に気色無し」と。早旦より、御修法の阿闍梨等、及び験有る僧綱已下二十余人、御前に候じ、加持を奉仕し、法花経を転読す。	僧	三条天皇
37	長和元年	今日、御当日。仍りて参入す午四剋。。御加持の声、甚だ高し。彼是の侍臣、	僧	三条天皇

	七月廿四日	云はく、「午二剋、発り給ふ」と。一昨より亦、軽く発り給ふ。未剋中、醒め給ふ。御加持の僧、一昨日のごとし。		
38	長和四年 五月二日	主上、仰せられて曰はく、「昨日の申剋、御湯殿を供すに、其の後、御心地、極めて悩み御する間、御前に候ずる女、気色、相誤り、組入を仰ぎ見て云はく、『御読経・御修法の霊験有り』てへり。其の後、御心、尋常に復す。又、女人、例に復す。未だ何かを知らず」と。又、仰せて云はく、「壇々御修法の律師、御加持の間、御前に候ずる女民部掌侍。、両手、振動す。已に邪気に似る。昨、御目、頗る宜しかるも、今日、猶ほ例のごとく不快」てへり。	僧	三条天皇
39	長和四年 五月七日	昨、資平、密かに語りて云はく、「律師心誉、女房を加持す。賀静・元方等の霊、露はれて云はく、『主上の御目の事、賀静の為す所なり。御前に居るに、翼を開く時には御目を御覧ぜざるなり。但し御運、尽き給はず。仍りて御体に着さず。只、御所の辺りに候ず』と。御運命、猶ほ強く御坐す由を申す。又、『御脚病、重く御すなり』てへり。壇々御修法、明日、結願す。十五日より三七个日、心誉を以て御修法を行なはるべし」と云々。	心誉	三条天皇
40	長和四年 五月廿七日	資平、内より示し送りて云はく、「去ぬる夕、非常赦の詔、出づ詔、暦裏に在り。。御目、昨日、已に尋常のごとし。昏に臨む比、亦、俄かに御覧ぜず。心誉を召し、御加持を奉らしむ。聖天、顕はれて云はく、『御邪気、能く調伏せらる。又、贈位を賜ふこと有り。但し聖天供の事、儲弐の時、厳教として供に預かるも、登極の日より、已に供養無し。之に因りて祟りを成し、致し奉る所なり』と。又、供養を謝せらるるに、自ら平復し御すか。聖天、去ぬる年、座主の房に安置す。而るに未だ供養を奉られず。其の事を仰せられんが為、座主を召し遣はし了んぬ安鎮法の事に依りて、内裏に候ず。」と。晩頭、頭中将、来たり談じて云はく、「今日、御目、昨日のごとからず。猶ほ不審に御するなり」と。	心誉	三条天皇
41	長和四年 六月十三日	是より先、法橋源憲、御加持を奉仕し、邪気を調伏す。	源憲	三条天皇

42	長和四年閏六月十二日	資平、来たりて云はく、「主上の御目、弥よ倍し御す。太だ便ならざるなり。験有る人を召さず、只、阿闍梨道命を召し、法華経を誦せしむ。其の間、御邪気を調伏す。万人、許さざる所。疑ふに是れ、霊物の謀略か。験有る人、悉く倦みて参らず。亦、召し無し」てへり。	道命	三条天皇
43	長和四年閏六月廿六日	返書に云はく、「今朝、起たしめ給はず。午剋、律師心誉、召しに依り、参入す。御加持を奉仕する間、御目、例のごとし。御膳、例のごとく聞し食す。已に仏法の霊験を知る。其の後、御衣冠を整ふ。伊勢の御祈有り」てへり。	心誉	三条天皇
44	寛仁二年閏四月廿四日	「……幾くならず、俄かに御胸病、発動し、重く悩み苦しみ給ふ。声、太だ高く、叫ぶがごとし。僧等、相集ひ、加持す。霊気、人に移りて、平復せる」と。	僧	藤原道長
45	寛仁二年六月二十二日	又、云はく、「大殿の御心地、猶ほ重し」と云々。先々、早く平復し給ふ。此の度、然らず。「心僧都、終夜の加持、験無し」と云々。「左将軍、昨日、心地、重く悩み、退出す。今朝、頗る宜し」と云々。「昨日、太だ便ならず」と云々。……夜に入りて、宰相、又、来たりて云はく、「先づ大殿に参る。御心地、未だ平復有らず。心誉・源憲等、加持す。声、太だ高し。次いで円融寺に参る。左大臣・右大臣、及び卿相等、参入せらる。余の障りを、左大弁道方に伝へ示し了んぬ」と。	心誉 源憲	藤原道長 藤原教通
46	寛仁四年九月十二日	今・明、内の御物忌。頭中将朝任を南殿に招き、案内を問ふ。「只今、発り御する気色有り」と。未二剋、前僧都心誉・僧都尋円・律師叡効・阿闍梨證空、加持を奉仕す。他の僧等、読経す。	心誉 尋円 叡効 證空 僧	後一条天皇
47	寛仁四年九月十四日	此の間、御悩、更に発り、重く悩み御す。或いは云はく、「吉平、御邪気の由を占ふ。仍りて僧等、加持を奉仕す」と。斉信卿、密かに語りて云はく、「一昨夜、夜深に叫ばしめ給ふ。候宿の侍臣、驚き起きて、御所に参る。已	僧等	後一条天皇

		に邪気」と。		
48	寛仁四年九月十六日	僧等、加持を奉仕す。御声か、女房の声か、太だ高し。或いは叫び、或いは吟ず。	僧等	後一条天皇
49	寛仁四年十月六日	御薬の案内を頭蔵人に問ふに、云はく、「此の両三日、時々、発り御す。偏へに是れ、邪気なり。今日、殊なる事御さずと雖も、猶ほ尋常の体に非ず」と云々。「前僧都心誉、御加持を奉仕す。邪気を駆り移す」と云々。	心誉	後一条天皇
50	治安三年六月十三日	宰相、来たる。暗に臨み、又、来たりて云はく、「禅閣、猶ほ悩気有り。念仏の間、簾中に入り臥す。心誉を招き入れらる。加持の為か。熱、発るを称せらる。万人、疑ふ所、邪気に在り」と云々。	心誉	藤原道長 藤原
51	万寿二年八月五日	其の後、秉燭の間、関白権随身府生保重、馳せ来たりて云はく、「尚侍、不覚。仍りて手を分けて諷誦を修す。諸僧、加持す。亦、観世□、両三度。只今、音無し。非常に坐すか」てへり。……「尚侍、赤斑瘡を煩ふ間、産気有り。加持有るべきか否かの事、疑ひを持つ」と云々。「仍りて占はるること有り。吉平、云はく、『宜しからず』と。後に聞く、『吉平、加持せらるべき由を申す』と云々。守道、云はく、『吉なり』と。禅閣、加持すべき心を存し、吉平を勘当せらる。然れども、諸僧、加持すること能はず。『邪気を怖るるに依る』と云々。禅閣、先づ加持し、其の後、諸僧、加持して、邪気を調伏す。禅閣、詞を放つ」と云々。加持、不快の事なり。偏へに神明に祈りて、平産を期すべきか。数日、数壇の修法を行なふ「孔雀経・不動法等」と云々。阿闍梨、前大僧正済信・権僧正慶命・大僧都心誉・前大僧都文慶・権律師成典。	僧等	藤原嬉子
52	万寿二年八月廿九日	経任、云はく、「痢病、止まず。万死一生。昨日、阿闍梨平登、修法を行なふべき約有り。而るに危急を見、病を称して退去す。今朝、心誉僧都・念覚律師、立ちながら加持す。一分の験も無し。……」と云々。	(平登) 心誉 念覚	長家卿室
53	万寿三年五月九日	御薬の事、左頭中将に問ふに、云はく、「昨夕の夜半ばかり、両度、発り悩み御す。僧正、独鈷を以て悩み給ふ所を抑へ、加持す。亦、他所に移り、腫	深覚	後一条天皇

		れ給ふ所を加持す。即ち平らぎ給ふ。其の験、最も明らかなり。御身、振ひ給ひ、邪気、人に移る。起居、漸く御心に任す。昨日、人に扶けられ起ち給ふ。今日、御意に任せて起居す。例に復すべきに似る。大床子に昇り給ふ」てへり。		
54	万寿三年五月十一日	早朝、資房、来たりて云はく、「御心地、已に宜しく御す。今日、僧正深覚、退出す。其の験有るに依り、殊に輦車を聴さる」と。誠に末世と雖も、猶ほ仏法の験有るに似る。弥よ三宝に帰依し奉るべき者なり。	深覚	後一条天皇
55	万寿四年二月廿七日	禅林寺大僧正、光臨す。簾中に屈請し、小女を護身せしめ奉る。良久しく清談す。次いでに云はく、「一昨、青宮に参る。昨の卯時ばかりより加持す。已に発り給はず。禅閤、馬を志さる」てへり。	深覚	藤原千古 敦良親王
56	万寿四年五月二日	小瘡、未だ愈えず。仍りて蛭喰す尻・耳。。秉燭の後、喰ひ了んぬ。心神、乖違し、已に以て不覚。小時くして蘇息す。蛭喰の致す所なり。日来、精進す。無力、殊に甚し。良円、下山す。加持せしむ。	良円	藤原実資
57	万寿四年七月二日	申時ばかり、宰相中将の妻、俄に不覚の由を告げ来たる。慥かに問はしむ。疑ふ所は邪気のために取り入らるるか。「読経僧等、祈念す」と云々。「一分も験無し」てへり。昏時、心誉僧都、来たり向かひて加持す。即時、蘇生し、邪気、出来し、尋常を得。不覚の間に尼と為す。心僧都を以て戒師と為す」と云々。	僧 心誉	藤原実資室
58	万寿四年十一月十三日	今朝、沐浴の後、目眩み、極めて悩む。猶ほ風、相剋するか。阿闍梨興照、加持す。今日、忌日。自ら斎食せず。心神、悩むに依る。念賢師を以て斎せしむ。法花経・心経等を供養す。	興照 念賢	藤原実資

表三のなかで、特定の僧、三十四名が加持を行なったのは、五十八件であった。これらの記事から疾病時、僧たちに期待されていた多くの役目は、加持を行なうことと考えられる。また、僧が薬の処方や

外科的治療を施す記述は『権記』『御堂関白記』と同様、みられなかった。

この加持祈祷の記述のなかで、興味深い九つの記事がある。

20正暦四年六月八日条（不明）

「邪気、通夜、調伏せらる」

21正暦四年六月十四日条（仁海）

「加持の間、邪気、出で来たる。宵を通し、調伏す」

22正暦四年六月十八日条（證空）

「調伏の後、已に以て平復す」

40長和四年（一〇一五）五月廿七日条（心誉）

「御邪気、能く調伏せらる」

41長和四年六月十三日条（源憲）

「御加持を奉仕し、邪気を調伏す」

42長和四年閏六月十二日条（道命）

「其の間、御邪気を調伏す」

44寛仁二年（一〇一八）閏四月廿四日条（不明）

「僧等、相集ひ、加持す。霊気、人に移りて、平復せらる」

49寛仁四年（一〇二〇）十月六日条（心誉）
「前僧都心誉、御加持を奉仕す。邪気を駆り移す」
51万寿二年八月五日条（不明）
「禅閤、先づ加持し、其の後、諸僧、加持して、邪気を調伏す」

第二章Ⅳ「もののけ」でも扱ったが、怨霊の存在を信じていた当時の貴族たちは、僧による宗教的行為も重要な治療の選択肢の一つであった。密教の呪言を口ずさみ加持祈祷を行なうだけではなく、僧のなかには、さらに邪気を調伏し駆り移すという特殊な能力を持ち合わせている者もいた。表三では加持祈祷という「精神的」治療によって、症状が「頗る宜しく」や「平復」、「験有り」という言葉からも分かるように、その後、回復したことが分かる。表三の53万寿三年五月九日条には、「其の験、最も明らかなり」とあり一定の評価を得ている。また、『権記』長保二年十二月十六日条には「院の御悩、甚だ危急なり。然るべき験有る僧を召し奉らしめ給ふべき由、左大臣、申さしむ」とみえ、貴族の中で僧の能力の有無がある程度周知され、それが招来する際の判断材料となっていたと考えられる。

ところで、51万寿二年八月五日条には、道長自ら加持を行ったという珍しい記事が残っている。嬉子が赤斑瘡を煩っていた間に産気が有り、加持を行なうべきか否かについて、陰陽家安倍吉平は不可を申し、諸僧は邪気を怖れ行わなかった。そこで道長が先ず加持を行ない、その後、諸僧が加持を行ない邪気を調伏したものの、加持は不快の事であったという。同じようなことを行なうのでも、能力のある者が行なうのと、そうでないのとでは、結果が変わってくるということであろうか。これら能力の高い僧が、どのくらい貴族に召されていたかについては、次のⅡで扱うこととする。

また、『小右記』で疾病の際、邪気や霊気を「駆り移した」例は、他に次の五件が該当した。

①正暦元年（九九〇）七月十日条（表三―15）

「済救・叡増両師、霊気を両女に駆り移す」

②長保元年（九九九）十一月四日条（表三―28）

「勝算僧都、加持を奉仕す。邪気を一両の女人に駆り移す後、頗る宜しく御坐す」

③寛仁三年（一〇一九）三月十八日条

「邪気、人々に駆り移す。貴布禰・稲荷等の神明と称す」

④寛仁四年九月二十八日条

「主上、発り悩み御する時、人に駆り移す間、已に尋常のごとし」

⑤治安二年（一〇二二）五月三十日条

「心誉僧都、霊気を女房に駆り移す。其の間、御心地、宜しく御す」

①正暦元年七月十日条では済救・叡増、②長保元年十一月四日条では勝算、⑤治安二年五月三十日条は心誉が行っている。③寛仁三年三月十八日条、④寛仁四年九月二十八日条は不明であるものの、加持

祈祷を奉仕し、邪気をも駆り移すことができるのは特定の僧に限られるようである。全ての僧がこのような能力を有していたとは思えないため、これが、貴族が特定の僧を多用する判断材料の一つとなり、結果彼らが重要視されたのであろう。

では次に、僧が加持を奉仕した結果をみていくことにする。効果があったと思われる記述は、表三の27長保元年十一月一日条「頗る宜しく御坐す」、31長保元年十一月廿四日条「幾くならず、宜しく御坐す」、32長和元年四月九日条「頗る宜しく御坐す由」の三つであった。また、右記の⑤治安二年五月三十日条「心誉僧都、霊気を女房に駆り移す。其の間、御心地、宜しく御す」にあるように、加持祈祷が対象者の精神と深く関わっていること、心持ちが結果を左右したのだろう。逆に効果がなかった記述は、『小右記』長和四年五月廿九日条「心誉律師の御修法、結願す。但し御目、尚ほ平復すること無し」、表三の52万寿二年（一〇二五）八月廿九日条「一分の験も無し」の二つであった。この記述では効果が無くても、奉仕した僧を咎めたりする様子は見当たらない。しかし、追加で別の僧を召すことはあったようである。

加持祈祷という行為が、精神的な治療に重きを置くものであるとすると、誰を呼ぶか、また僧との相性の善し悪し、親密度が結果を左右するのだろう。僧の治療行為は、効果の有無が対象者の精神性に大きく頼ることになる。これは特定の貴族の許に、特定の僧が出入りする構図を生んでいくことに繋がったといえよう。

Ⅱ．古記録に記された記述の多い僧

Ⅰ．古記録に記された僧の役割より、多くの僧が出入りしていたことが分かった。表三に登場する僧の回数をまとめたものが表四である。

さまざまな疾病時に治療を行なった三十四名の僧のうち、連続性がなく一回のみ登場する僧は二十名、二回以上複数回治療に当たった僧は十三名であった。これにより疾病の際に、多くの僧が出入りしていること、多用されている僧がいたことの二つが考えられよう。

さて、表四のうち、幅広く複数回治療に当たったのは、心誉・證空の二名であった。

證空は、表三の3『小右記』永延元年六月十日条、5『小右記』永延二年十月廿五日では実資、17『小右記』正暦四年二月七日条では実資の室、18『小右記』正暦四年六月五日条では実資の小児の加持を行っている。実資との個人的な繋がりがあり、多用されたことが分かる。心誉については後述する。

次に、表四で登場した三十四名の僧が古記録で何回登場しているか調べたところ、慶円・明救・心誉が数多く記述されていることが分かった。この三人をまとめたものが、表五である。

表四　『小右記』に登場する僧

	僧名	登場回数
1	以泉・叡効・教静・興照・慶円・慶縁・慶祚・高昭・住源・勝祚・尋円・晴空・定覚・道命・念覚・念賢・文慶・平孝・平実・良円	1
2	覚縁・源憲・元寿・済救・奝然	2
3	観修・勝算・深覚・義蔵・叡増	3
4	仁海	4
5	心誉	9
6	證空	10
7	僧（不明）	17

慶円（九四四～一〇一九）は、実資の母方の叔父とされており、そのため『小右記』に記述が多い。長和三年（一〇一四）に第二十四世天台座主に補され、天皇に係る宗教的行事にも重用され貴族にも深い帰依を受けたとされる。『小右記』には、慶円が階級に就く以前から実資と親密な間柄が残る。実資が女児のために個人的に加持祈祷等をさせた『小右記』正暦元年七月九日条、慶円の死の間際に実資が養生のため牛乳を進めた『小右記』寛仁三年八月十九日条などがそれである。

表五　『御堂関白記』『小右記』『権記』に記された慶円・明救・心誉の登場回数

	僧名	『御堂関白記』	『小右記』	『権記』	合計
1	慶円	23	38	31	92
2	明救	26	23	12	61
3	心誉	25	84	8	117

一方、『小右記』長和元年六月四日条には、慶円と道長が激しく口論している珍しい様子が残されている。

『小右記』長和元年六月四日条

中時ばかり、資平、左府より示し送りて云はく、「只今、不覚に悩み給ふ」てへり。小選くして、参り来たりて云はく、「重く発り給ふか。卿相・諸大夫、雲集す。左金吾、簾中に於いて涕泣の声有り」てへり。夜に入りて、案内を右衛門督に取る。其の報に云はく、「権僧正慶円、相府に申して云はく、『天台の僧、只、山王を憑み奉る。而るに山王の祟り有る由、夢想有り。仍りて御修法を奉仕すべからず』と」てへり。相府、討論し給ふ事、御声、甚だ高し。権僧正、御修法を奉らず、直ちに退出す。臨み聞くこと、雲のごとし。極めて便ならざるなり」てへり。「彼の修せざる料物、天台三昧御社等に遣はすべし」と云々。

慶円と道長の例から、貴族が特定の僧と「親密・不仲」があったことが分かる。現代の私たちも、どんなに名声や評判が高い相手でも、立場や思想面で、相性の善し悪しがあるのと同じである。

明救（九四六〜一〇二〇）は有明親王の子で、寛仁三年に第二十五世天台座主に補されている。『御堂関白記』には二十六件、該当記事が残る。御修法等の宗教行事に七回、病気平癒目的の修善に十回程記事がみえる。表六は『御堂関白記』のなかで、主に明救が治療に関わっているものである。対象者をみると、三条天皇や藤原彰子をはじめ、道長自身や一族に関係するものが多い。

『小右記』では、三条天皇の病に際して御修法を行なった記事や、中宮のお産についての記述が残るものの、実資個人に係る治療の記事は、一件も該当しなかった。特定の貴族に特定の僧が出入りしていることが分かる事例である。

表六　『御堂関白記』にみえる明救

	和暦年月日	本　文	対象者
1	長保二年四月廿九日	日来、尚ほ悩むに依り、僧正、并びに明救闍梨両り、壇に於いて修善す。	藤原道長
2	寛弘五年五月廿三日	中宮の修善あり。明救僧都、奉仕す。又、仁王経不絶の御読経・最勝講を初む。	藤原彰子

3	寛弘五年六月十四日	宮の修善、明救僧都、奉仕す。三七日、結願なり。	藤原彰子
4	寛弘五年七月廿四日	前僧都明救・阿闍梨心誉等、宮の御修善を奉仕す。	藤原彰子
5	長和元年七月十六日	内、御悩の事有り。瘧病か。宜しく御坐すに依り、還り出づ。「件の御悩、去ぬる十三日より」と云々。明救大僧都、御修善を初む。	三条天皇
6	長和二年二月廿二日	明救僧都、修善の結願に会す。	藤原彰子
7	長和二年三月三日	早朝、東宮に参る。「此の夜、小し悩気御座す」と云々。而るに殊なる事、御さず。仍りて退出す。今日、東宮の御禊を奉仕せしめず。是れ、去ぬる年、御服に依りて停止す。今年、有るべきなり。而るに触穢有るに依りて、初めて有るに依り、便ち止め了んぬ。皇太后宮に還り参り、案内を申さしむ。今夜より明救僧都を以て修善せしむ。是れ夢想に依るなり。	敦成親王
8	長和二年三月十日	明救僧都の修善、結願す。夜来、堂に宿す。	敦成親王
9	長和五年九月十四日	此の日、御衰日なり。然れども、御悩、重きに依り、御修善・御読経等を初む。雅通、申さしめて云はく、「御悩の体は、御心肋と申す物に御座すか。雅通、年来、煩らふ。□□を付する時、止み侍り」てへり。求めしむ。御物忌に籠る。御修法、明救僧正・心誉律師なり。	三条天皇
10	長和五年九月廿七日	明救僧正・心誉律師等の御修善、結願す。	三条天皇

記述の一番多かった心誉（九七一～一〇二九）は、天台宗の僧で藤原顕忠の孫、藤原重輔の子とされる。『御堂関白記』には二十五回登場している。道長が催した法華三十講をはじめとする御修法に七件、病気平癒目的の修善に九件、治療に関するものに十一件該当した。心誉は道長に長用されていたとされ、『小右記』には道長と心誉の関係性が記述されている。

『小右記』長和元年六月三日条
左府の病、去ぬる夜、殊に重し。今朝、頗る宜し。午後以来、殊に殆と尋常のごとし。資平、左府に参る。晩に臨み、帰り来たりて云はく、「阿闍梨心誉、云はく、『誠に平復に似ると雖も、御病体、猶ほ不快。亦、飲食を受けず』と」と。

『小右記』長和元年六月十七日条
今朝、資平、左府に参るに、人々、云はく、「已に平復せらる」と。心誉闍梨、云はく、「昨、発り給はず、飲食、甚だ快し。今に至りては、全ら平復せらる」てへり。

これによると心誉は道長の病の際、資平に病状を語っている。心誉が道長の許に出入りし、詳しく身体の状況を把握する付き合いであることがわかる。また、『小右記』には最多の八十四件記述が残る。表三では、心誉は三条天皇の眼病に関する治療に多く関わっていた。天皇のために、『小右記』長和四年四月三十日条では、等身の薬師如来を図絵し、修せしめている。さらに、『小右記』長和四年五月二日条では七段壇御修法を修している。

以上、記述の多い三人の僧をみてきたが、僧は疾病の際に、天皇や貴族の許に召され、加持祈祷等の宗教的治療を行なってきた。その結果が完全な回復、もしくは良好でなかったとしても引き続き登用され、「治療＝心の平安」を与える役目をしてきたことが分かった。また僧は、前述した定延のような現代の医師のような医療行為もしていなかったこともわかった。

第一節から平安貴族たちは、現実的な治療法と宗教的治療法を織り交ぜ利用していたと考えられる。加持祈祷は本来、病気そのものの平癒を祈るものであるが、それと同時に精神の平安をも期待するものであったと考えられる。つまり、祈祷や修法は、本来の肉体的平癒を願いつつ、心の治療を主とするのではなかったか。また、彼らにとって心の平安が結果的に病気平癒に繋がったともいえる。心の救済として、宗教は最も有効な心理的療法であったと考えられ、その役割を担ったのが僧であったのであろう。

第二節　陰陽師の施術

第一章では疾病時に医師が診断、治療を行なってきたことを確認したが、その際に陰陽師も召されることがしばしばあった。第一章で論じたことと重なる部分も多いが、両者の間にどのような差異があったか、改めて検討していきたい。

I. 古記録にみえる陰陽師

『御堂関白記』『小右記』『権記』に記述されている陰陽師は、次の十八名であった。

安倍晴明・安倍吉平（晴明一男）・安倍吉昌（晴明二男）・安倍時親・賀茂光栄・賀茂守道（光栄男）・巨勢孝秀・惟宗文高（秦文隆と同人か）・秦文隆・中原恒盛・清科行国・菅野親憲・県奉平・文房満・文道光・大中臣実光・大中臣為俊（為利）・笠善任

この十八名の陰陽師が、古記録中に何回登場したかについて比較したものが次の表一である。なお、「共通」の項目は、藤原道長・藤原実資・藤原行成の三者に関与している者を「◎」、それぞれ二者に対して関与している者を「○」とした。

表一　古記録に登場する陰陽師

	陰陽師	生没年	初出月		該当数			共通			
					御	小	権	御・小・権	御・小	御・権	小・権
1	県　奉平	不明	天元五年（九八二）四月	小	3	11	25	◎	○	○	○
2	賀茂光栄	九三九～一〇一五	天元五年（九八二）五月	御	38	65	31	◎	○	○	○
3	文　道光	不明	永観二年（九八四）七月	小	0	3	0		×	×	×
4	安倍晴明	九二一～一〇〇五	寛和元年（九八五）四月	小	11	18	19	◎	○	○	○
5	安倍吉平	九五四～一〇二六	永延二年（九八八）十一月	小	64	172	19	◎	○	○	○
6	賀茂守道	九八六～一〇三〇	寛弘元年（一〇〇四）六月	御	1	56	1	◎	○	○	○
7	安倍吉昌	～一〇一九	長徳四年（一〇〇七）十月	権	9	5	6	◎	○	○	○
8	惟宗文高	九四七以前～	長和元年（一〇一二）六月	小	5	59	4	◎	○	○	○

9	秦　文隆（惟宗文高と同人か）	九四七以前〜	長和五年（一〇一六）三月	御	1	0	0		×	×	×
10	笠　善任	不明	長和三年（一〇一二）十月	小	0	1	0		×	×	×
11	文　房満	不明	長和三年（一〇一四）十二月	小	0	2	0		×	×	×
12	大中臣実光	不明	長和五年（一〇一六）三月	御	2	0	3		×	○	×
13	中原恒盛	不明	治安三年（一〇二三）七月	小	0	30	0		×	×	×
14	巨勢孝秀	不明	万寿四年（一〇二七）七月	小	0	24	0		×	×	×
15	大中臣為俊（為利）	不明	長元元年（一〇二八）九月	小	0	2	0		×	×	×
16	清科行国	不明	長元四年（一〇三一）三月	小	0	1	0		×	×	×
17	菅野親憲	不明	長元四年（一〇三一）三月	小	0	1	0		×	×	×
18	安倍時親	不明	長元四年（一〇三一）七月	小	0	1	0		×	×	×

表一から、道長のみに関係している者は、秦文隆が惟宗文高と同人物であるとするならば一人も居らず、実資のみに関係している者は九名、行成のみに関係している者はいなかった。また、三者に共通して関与している者は表で「◎」を付した七名であった。さらに、古記録に記述が多い上位者の安倍吉平と賀茂光栄は、道長、実資共に登場頻度が高く、この両名が深く関わっていることが判明する。しかし、活躍した年代に多少差異があるため、一概に上記の二名が特に貴族に重用されていた、あるいは陰陽道に優れていたとはいえない。そもそも、陰陽道には天文や暦といった分類もあるが、それぞれがどのような専門的職掌を内包していたのか、またそれに応じて貴族たちに召された目的にも左右されることを

忘れてはいけないであろう。

だが、ほぼ同時代に生きた道長と実資に、数多いる陰陽師のなかで、安倍吉平と賀茂光栄の二者が特に重用されたことは、彼らの卜占、施術等にその有効性が認められたからであろう。

Ⅱ．疾病に関わる陰陽師

古記録に名が残る十八名の陰陽師のなかで、疾病に関わったと思われる事例を抽出したものが、次の表二である。

表二　疾病に陰陽師が関わった事例

	和暦年月日	陰陽師	本文	対象者	
1	永延二年七月四日	晴明	今暁、小児、義理の宅より小野宮に還る。今夜、晴明朝臣、□の為、鬼気祭を行なふ。未時ばかり、小野宮に向かひ、小児を見る。又、小児を沐浴す。日ごろ頗る悩気有り。仍りて今夜より、済救をして火炉に芥子を打たしむ。	藤原実資 小児	小
2	永祚元年正月六日	晴明	早朝、摂政の御直廬に参る。命せられて云はく、「主上、頗る悩□の気有り。就中□□□晴明をして御占を奉仕せしむ」と。御膳、誤りて上る事、□□□	一条天皇	小
3	永祚元年五月七日	光栄	寅・卯時ばかりより、頭打ち、身熱し。苦辛、極まり無し。仍りて参ること能はず。光栄・陳泰朝臣等を以て其の咎を占はしむ。事の祟り有り。午後、頗る宜しかるも、猶ほ尋常に非ず。	藤原実資	小
4	長保元年九月十六日	光栄	悩む所、暁より頗る宜し。光栄朝臣を以て占ひ勘ぜしむ。云は	藤原実資	小

			く、「求食鬼の致す所なり」てへり。仍りて今夜、鬼気祭を行なはしむ。		
5	寛弘五年三月廿四日	吉平	此の夕より、法賢君をして不動調伏法を修せしむ。伴僧七口、七个日を限る。又、京に於いて、叡義君をして尊星王法を七个日、修せしめ、並びに吉平朝臣をして招魂祭を行なはしむ。並びに女人の病の為なり。	藤原行成室	権
6	長和元年六月十四日	光栄	前筑前守永道、左府より来たりて云はく、「今日、発り給はず。光栄、発り給ふべからざる由を占ひ申す」と。資平、院より罷り出でて云はく、「障る由を頭弁に伝へ了んぬ。左府、発り給はざる由、僧侶、申す所。而るに定基、殿より院に参りて云はく、『瘧病と雖も、発らず。御心地、尚ほ悩気有り、苦吟し給ふ。亦、無力の由を命せらる』てへり」と。	藤原道長	小
7	長和二年五月廿日	光栄 吉平	宮より御悩重き由有り。仍りて馳せ参る。光栄・吉平等を召し、卜申せしむ。重き由を申す。日宜しからずと雖も、亥時を以て仁王経御読経を初む。僧十五口。	敦成親王	御
8	長和二年八月廿五日	光栄 吉平	小児の身、猶ほ熱し。但し心性、例のごとし。光栄・吉平等、占ひて云はく、「殊なる祟無し。亦、重きに非ず」てへり占の推条、具さに記さざるのみ。	藤原実資 小児	小
9	長和三年三月廿四日	光栄	今日、参入せざる事、資平を以て頭弁に触れしむ。心神、宜しからざるなり。夜々、汗、出て、例ならざる故なり。光栄をして占はしむ。占ひて云はく、「北君、土公の竈神の祟りなり」てへり。	藤原実資	小
10	長和三年六月廿八日	光栄 吉平	大宋国の医僧、送る所の薬、其の名を注さず。疑慮、多端。仍りて光栄・吉平等を以て、善悪を占はしむ。不快の由を占ふ。占ひの告げに依り、小児に服せしむるを止む。	藤原実資 小児	小
11	長和四年九月廿八日	吉平	頭中将、云はく、「主上の御目、未だ減気御さず。吉平朝臣、	三条天皇	小

			占ひ申して云はく、『旧き御願、未だ果たし奉り給はざるに依り、巽方の大神、祟るか。仍りて宰相を差し、春日に奉らるべし』てへり」と。		
12	寛仁二年十二月四日	吉平	去ぬる二日より、心神、宜しからず。夜、寝ず。吉平、占ひて云はく、「咳病の余気の上、風病、発動す」てへり。	藤原実資	小
13	寛仁三年八月廿一日	吉平 文高 守道	早朝、宰相、来たりて云はく、「昨日、御共の卿相、帰り給ふ御共に候ぜず。彼の命に依るなり。各々、分散す。左大将の人と左衛門の人と、上御社に於いて闘乱す」と。叡覚、云はく、「内供の消息に云はく、『座主の御病、日を逐いて増す有り。無力、殊に甚し。就中、昨・今、憑む気無きに似る。食せらるること無く、痢、止まず。又々、陰陽師に問はしめ、子細を示し送るべし』てへり」と。占方を書き、師重を以て具さなる趣きを含め、三人の陰陽師の所吉平・文高・守道。に遣はす。各、占ひて云はく、「猶ほ、不快」と。詞に云はく、「慎しまるべきに似る」てへり。占方、叡覚に付して之を送る。	慶円	小
14	治安三年九月十四日	恒盛	去ぬる夕より、頬、腫る。悪血の致す所か。相成朝臣、蓮の葉の湯を用ゐて療治す。又、夢想の告げに依り、支子の汁を傅す。宰相、云はく、「賀の事に依り、禅室、高野に参らるる事、延引す」てへり。恒盛を以て占はしむるに、勘申して云はく、「祟り無し。血気、相剋して、致し奉る所か」てへり。日ごろ、蓮の葉等の湯、頗る温かなり。彼等を以て頬を洗ひ、熱気、発する由、夢想有り。仍りて支子を傅す。亦、蓮の葉の汁を冷やし、面を洗ふ。尤も其の験有り。	藤原実資	小
15	治安三年十二月廿三日	文高	早旦、小女、西隣に渡る。拾遺、悩み煩ふに依る。晩景、西隣に向かふ。夜に入りて、帰る。小女、西隣に宿す。願を立てしむ等身の七仏薬師如来・等身の六観音を顕し奉るべし。孔雀経を転読し奉る	藤原実資 小児	小

			べし。今夜、文高朝臣を以て、鬼気祭を行なはしむ。占ひに依り、行なふ所なり。		
16	万寿二年八月四日	吉平 恒盛 守道	「昨日の尚侍の産の時の事、恒盛に問ふ。申して云はく、『卯辰若しくは申酉の時、平安かに遂げ給ふか』と。又、男女を問はるるに、男の由を占ひ申す。御祓に奉仕する間、遂げ給ひ了んぬ」てへり。「疋絹を賜はる。昨日より吉平・守道、祗候す。今日、恒盛、河臨の祓を奉仕す。召しに依り参入す」てへり。「吉平の禄、三疋。守道、二疋」てへり。	藤原彰子	小
17	万寿二年十一月廿八日	恒盛	今暁、小女の左方の人指々、鼠齧りて血出づる。侍医相成申すに依りて甘草を煮て其の汁を傅す。又云はく、「猫の矢を焼く灰を傅すが良し」てへり。甘草、験有り。仍りて猫の矢を傅さず。痛苦平愈す。陰陽師恒成、占ひて云はく、「殊に事無し。若しくは乾・巽の方の神明の祟歟。未だ奉仕せざる依りて驚かす所歟」と。覆推して云はく、「北野歟」てへり。「事の懼れ有るに非ず」てへり。	藤原実資 小児	小
18	万寿四年五月二日	恒盛	小瘡未だ愈せず、仍りて蛭喰らう尻・耳。。秉燭の後、喰ふ了んぬ。心神、乖違し、已に不覚す。少時くして蘇息す。蛭喰らう所に致すなり。日来、精進す。無力、殊に甚し。良円、下山し、加持せしむ。中将来たりて、恒盛を以て占はしむ。占ひて云はく、「卜の咎め有ること無し、自然の事なり」てへり。	藤原実資	小
19	万寿四年五月十九日	恒盛	昨より痢病、発動す。今日、減ずること有り。風病の致す所なり。恒盛、占ひて云はく、「祟り無し、風気なり。」てへり。	藤原実資	小
20	万寿四年十月廿八日	恒盛	昨の戌時ばかり、心神、太だ悩む。通夜、諸に乖る。暁旦に臨み、弥よ苦し。恒盛を以て占はしむ。云はく、「風病の致す所」てへり。朴皮を服す。辰剋ばかりより頗る宜し。又、湯治を加ふ。諷誦を六角堂に修す。出行すべきに依る。	藤原実資	小

21	長元元年九月廿二日	為利	今日、飲食、多く例に減ず。左の股内、太だ痛し。相成朝臣に問ふ。申して云はく、「寸白か。雄黄を傅す。即ち傅し、黒大豆汁を飲むべし」てへり。陰陽属為利を以て、占はしむ。申して云はく、「偏へに風、発動す」てへり。	藤原実資	小
22	長元元年九月廿八日	為利	中将、去ぬる夜、悩み煩ふ。今朝、頗る宜し。陰陽属為俊、占ひて云はく、「風病の上、邪気。竈神、祟りを加ふるか」と。	藤原資平	小
23	長元元年九月廿九日	守道 文高	暁更、資房、来たりて云はく、「中将の悩む所、猶ほ未だ減平せず。起居、快からず。飲食、受けず。資房、三井寺に向かひ、誉僧都を迎へんと欲す」てへり。早く迎ふべき由を答ふ。又、云はく、「資房の母尼、悩む所有るに依り、日来、三井寺に住む。同じく迎へ取り、明日、罷り返るべし。」てへり。守道朝臣を呼び占はしむ。申して云はく、「占の体、軽し。殊なる事無きか」てへり。文高、同じく此の趣を占ふ。	藤原資平	小
24	長元四年七月五日	恒盛	恒盛、云はく、「今旦、召しに依りて女院に参る。俄に御腰を悩み御す。御竈神・土公の祟りの由を占ひ申す。御竈の前に於いて御祓を奉仕す。二个度。宜しく御坐す由を承る」と。中将、衡黒、来たりて云はく、「女院、暁更、悩み給ふ。昼の間、宜しく御坐す。申刻ばかり、厳に悩み給ふ」と。	藤原彰子	小

該当した二十四件中、『小右記』は二十二件、『御堂関白記』『権記』の記述は一件ずつであった。疾病の際に陰陽師が関与した事例は、このほかにはみえないが、陰陽師が実際に全く関わらなかったのか、それとも記録にみえないだけで何らかの関わりをもっていたかも知れないことに対して、考慮しておく必要があるだろう。

この表二に登場する陰陽師をまとめたものが次の表三である。

表三　疾病に関わった陰陽師

	陰陽師	登場回数	対象者
1	安倍晴明	2	一条天皇・藤原実資小児
2	大中臣為俊（為利）	2	藤原実資・藤原資平
3	賀茂守道	3	慶円・藤原彰子・藤原資平
4	惟宗文高	3	慶円・藤原実資小児・藤原資平
5	賀茂光栄	7	敦成親王・藤原道長・藤原実資・藤原実資小児
6	安倍吉平	8	藤原行成室・敦成親王・藤原実資小児・一条天皇 藤原実資・藤原彰子・慶円
7	中原恒盛	7	藤原彰子・藤原実資・藤原実資小児

古記録に記述された十八名の陰陽師のうち、疾病に関する卜占等に携わった者は、約半分の七名であった。陰陽師の登場回数は、安倍吉平の八回が最多であった。生存した時代が前後するため、一概に全員を比較するのは難しいが、記録に残されている事実から、この七名は記主とも関係が深く、陰陽師のなかでも医療に関する知識が豊富であると見做されていた人々ではないかと考えられる。また、特定の人物に特定の陰陽師が関与していたかという点については、表一、表二から推察すると、特定の人物に限定して出入りしている陰陽師はおらず、むしろ特定の貴族に限定されず、幅広く活躍していたと思

われる。

表一から陰陽師に関する記述は、『御堂関白記』では一三一件、『小右記』では四五〇件、『権記』では四十件もの多くがみられた。これは彼らが貴族たちにとって身近な存在であったことを裏付ける事実であろう。陰陽師は貴族の日常生活に多くの場面で入り込んでいたと推測されるが、不思議な事に疾病時等における医療の分野では、あまり大きな活躍をしてはいないのである。

医療分野では登場を余りみない陰陽師であるが、貴族たちにとって、彼らがどのような存在意義を持っていたかについて、表二の7『御堂関白記』長和二年（一〇一三）五月廿日条の事例からその一端を窺える。この記事は東宮が病気の際に、道長が賀茂光栄・安倍吉平等に卜申を行なわせたものである。陰陽師が、「重き由を申し」て、日が宜しくないのにも関わらず、道長はその後、仁王経御読経を始めさせている。これは道長が陰陽師の意見を一応聴取するものの、その意見に左右されていないということを表している。つまり、この事例からは、道長にとって陰陽師の病気に関する意見は、道長の行動に制限を加えない程度のものであったといえよう。

その理由として考えられるのは、陰陽師が医療の直接の専門家ではないことがまず考えられる。では数少ない頻度とはいえ、貴族が陰陽師を召するのはいかなる場合なのか。そしてその場合、どのような施術を行なわせたのか。第一章において病気の診断は医師が行なうことを確認した。その診断結果に疑問や不安がある場合、またその診断が自身の思いと違う場合、貴族たちはさらに別途に病因の根源を求めて、陰陽師を召して諮問したのではなかろうか。

考えたい。その点を確認するために、疾病時に呼ばれた陰陽師が具体的に何を行なったのかについて、次項から

Ⅲ．陰陽師の診断

『御堂関白記』『小右記』『権記』で疾病に関わった七名の陰陽師は、どのような際に貴族に召され、その際どのような診断を下しているのか。そして、特定の疾病の場合には陰陽師を召す、というような決まり事があったのか。この点について検討する。

表四　疾病時の陰陽師の診断と対応

	診断結果	診断結果による対応	対象者
1	(病)	鬼気祭(3)	藤原実資小児(2)・藤原実資(1)
2	求食鬼	鬼気祭(1)	藤原実資(1)
3	(病)	招魂祭(1)	藤原実資(1)
4	(病)	祟有り(1)	藤原実資(1)
5	(病)	祟無し(3)	藤原実資小児(1)・藤原実資(2)
6	(病)	竈神の祟(2)	藤原実資(1)・藤原資平(1)
7	竈神の祟	御祓(1)	藤原彰子(1)
8	(病)	巽方の祟(2)	三条天皇(1)・藤原実資小児(1)
9		薬の善悪(1)	藤原実資小児(1)

10	（病）	咳病風病（1）	藤原実資（1）
11	祟無し	風気（1）	藤原実資（1）
12	（病）	風病（3）	藤原実資（2）・藤原資平（1）
13	（病）	風病・邪気・竈神の祟（1）	藤原資平（1）
14	（病）	殊なること無し（2）	藤原資房母尼（1）・藤原実資小児（1）
15	重き由	仁王経御読経（1）	敦成親王（1）
16	（出産）		藤原彰子（1）
17		その他（4）	一条天皇（1）・藤原道長（1）・慶円（1）・藤原実資（1）

表四は、疾病に際しての陰陽師の診断と、それに基づく対応であるが、卜占等による「診断」後、彼らは医療行為を行なっていないことがわかる。陰陽師が行なうのは、その疾病の根源である「祟りの有無」や「病気の軽重」、「良し悪し」の判定である。つまり判定後、どのような治療や修法を行なうかについては、彼らの仕事の範疇ではないようである。

そもそも陰陽道とは、中国の陰陽五行説をもとに、日本独自の占術「陰陽道」を完成させていったものといわれている。この中国式の陰陽思想を日本に公的に導入する際に、医療の分野は導入されなかった。陰陽師が疾病に対して医療行為を行なわないということは、医学に関する事柄が、わが国の陰陽道にそもそも含まれていないことが理由とも言える。だから陰陽師は、具体的な治療も行なわなければ、投薬行為もしないのである。こうした日本への導入の背景事情があるため、陰陽師たちには医療技術が発達せず、日本では医療分野の知識・技能は医師が専一的に担うことになったのであろう。そもそも養老職員令・陰陽寮9にはその職掌を「掌、天文。暦数。風雲気色。有胃密封奏聞事」とし、医療は彼等の職掌とされていなかったことがわかる。

彼ら陰陽師の職掌は、あくまで疾病に対し、卜占で祟りや咎の有無を判定することにあったといってよい。しかし、中国陰陽道にある医学書の類や知識は私的にはわが国にも取り入れられていたと思われる(1)。こうした医療は公式に行なわれることはないものの、貴族たちには知識や技術として利用されていたのであろう。貴族たちは以上のような共通理解を有していたため、疾病時に陰陽師に占いはさせるものの、医療行為自体は期待していなかったと推察される。また、養老律令に規定されているように、疾病時における期待されたその職掌は、卜占であったことも理由の一つといえよう(2)。

この医療行為の意味を、投薬や現代的な意味での治療と限定するのであれば、陰陽師はその治療行為には関わっていないと言える。だが、詳しくは「V．鬼気祭」で扱うことにするが、病気の際、疫鬼の侵入を防ぐために行なわれた鬼気祭などの祭儀は行なっている。この祭儀なども広い意味での治療の一環と捉えるならば、彼ら陰陽師も治療行為を行なっていたと考えられる。現代の視点で治療という行為を捉えてしまうと、患部の平癒こそが治療であり、精神的治癒は直接的な治療としては扱われない。しかし、平安時代を通じて行なわれた、このような精神的治癒も、宗教的な意味での治療の一環として、広く貴族の間では認められていたのではなかろうか。しかし、ここで言う治療を、あくまで現代的な治療のこととして捉えるならば、そういった意味での治療は陰陽師は果たしていなかったといえよう。また、特定の陰陽師が特定の疾病に関与しているということもないといえよう。

さて貴族たちは、日常生活の一端としての病悩における占いを陰陽師にさせている。前述のとおり、貴族たちが陰陽師に期待し求めていたのは、自己診断後、「病気である」というのが前提となった上で、その病悩に何かの「祟り」が影響を及ぼしているのかどうか、またその「祟り」の程度ではなかったかと考えられる。

だが、例外的に疾病の診断を行なっている記事がある。表二の19『小右記』万寿四年（一〇二七）五月十九日条である。中原恒盛は占いの結果、「祟無し、風気なり」と病名まで診断している。しかしこれは、実資が自ら述べた「痢病である、風病の致す所である」との自覚症状を聞いてからの発言であるため、ただその自己診断を追認するものと言える。恒盛は数ある病名のなかから、病状の一つとして新たな病名を告げたのではなく、前提状況を追認しているに過ぎない。

貴族たちは、この陰陽師の占いを、病気に罹った際の形式的な行動過程の一つとして捉えていたのではない。表二の3『小右記』永祚元年（九八九）五月七日条では、陰陽師賀茂光栄に卜占してもらい、「祟り有り」と診断されているものの、その後に頗る回復しているのである。貴族にとっては、病気自体が怖いというよりも、その病気の原因が分からない状況が怖いのであろう。陰陽師の卜占が単なる気安めや形式的な儀式の一つではなく、実質的な意味をもつものとして認識されていたことを裏付ける良い例である。

Ⅳ．複数の陰陽師

では次に、陰陽師の人数によって卜占させる内容が変わるのかどうかについて考えてみたい。個人の場合と複数の場合とでは、何か違いがあるのだろうか。次の表五は、古記録中から貴族によって疾病時に陰陽師が召された回数と、その内容を比較したものである。

表五　疾病時に召された陰陽師の人数と回数

人数	陰陽師	回数	内容
一人	安倍晴明	2	一条天皇病（1）・実資小児病（1）
	安倍吉平	1	実資病（1）
	賀茂光栄	5	実資病（4）・道長病（1）
	中原恒盛	7	実資頬腫（1）・実資蛭喰（1）・実資痢病（1）・彰子出産性別（1）・実資風病（2）・彰子病（1）・実資小児怪我（1）
	惟宗文高	1	実資小児病（1）
	大中臣為俊（為利）	2	中将病（1）・実資病（1）
二人	安倍吉平・賀茂守道	1	彰子出産（1）
	安倍吉平・賀茂光栄	3	敦成親王病（1）・実資小児病［薬の善悪］（2）
	賀茂守道・惟宗文高	1	資平病（1）
三人	安倍吉平・賀茂守道・惟宗文高	1	慶円病（1）

表二から、実資の許に出入りしていた陰陽師は、安倍吉平・賀茂光栄が最も多いことがわかった。だ

が、疾病の際に出入りしていた者としては中原恒盛が最も多かった。前述のとおり、日本に取り入れられた陰陽道には医術が欠落していたため、医術専門の陰陽師は存在していない。しかし中原恒盛はその内容から、疵や治療、子供の性別判断まで幅広く占える才識をもった者であり、重用されたのではなかったかと考えられる。

さて、陰陽師が個人と複数の場合では、その卜占の内容に何か違いがあるのだろうか。

まず一人で卜占を行なわせている場合では、実資自身の病の場合が十一件と最も多くなっている。陰陽師を常に召したがるという個人の性格による差も考えられるが、いつの時代も同じであるように、為政者にとって自身が病気であるということは、政治生命に深く関わる問題となり得る。そのため自身の病に関しては、比較的貴族本人とも関係が深く、出入りに支障がない、信頼のおける個人に頼んだと考えるのがふつうであろう。

それに反して、複数の陰陽師を召す場合は、自身に関するものは一件もなく、東宮や彰子といった高貴な者に対する卜占が多いのが目立つ。皇族のような高身分者がたくさんの陰陽師を招集できるという点も考えられるが、二人以上召された場合の陰陽師は、必ず「安倍・賀茂」や「賀茂・惟宗」といった複数の氏の組み合わせとなっている。つまり貴族たちは、その疾病や不安の大きさによって、複数の陰陽師を召し、陰陽師の家ごとの流儀の相違などに起因する様々な診断法から、多くの回答を得るのである。複数の陰陽師に卜占させるということは、術の数が多くなることであり、診断内容も変わってくることもあろう。複数の診断結果のなかに自分たちが納得できる結果が含まれていれば、それを採用したと考えられる。

貴族が陰陽師の人数を変えることに、そのほかの理由があるとすれば、その症状が重く、判断に困窮する場合に複数人を呼んだということも考えられるが、右の事例は特に危急かつ生存に支障を来たすような疾病ではなかった。つまり、身分の差や、自分が病状診断に疑念を持った場合に、複数の陰陽師が登場してくるのだと言えよう。

V．鬼気祭

陰陽師は、疾病の際に病名の診断を下したり、現代的な治療行為をほとんど行なわない。しかし、その疾病の根源に「祟り」や「鬼」等が関わる事例に関しては、施術を行なう。その際に陰陽師が行なう施術としては、主に祭儀や解除が挙げられる。祭儀が、「治療」という表現に該当するかは、先に述べたとおり微妙であるが、陰陽師はたびたび病状の回復を祈るために、鬼気祭という祭儀を挙行している。

この鬼気祭とは、病気の際に疫鬼の侵入を防ぐために行なわれるものであり、現代的な患部の治療というよりも、精神的に患者を平静な状態に戻すことを目的としていると考えられる。左の表六から、鬼気祭は、大きく分けて特定の患者に対して行なう場合と、季節毎の定例行事として行なう場合の二つの型があったことがわかる。

表六　古記録にみえる鬼気祭

	陰陽師	和暦年月日	本文	分類	
1	奉平	天元五年四月十二日	陰陽師奉平を以て鬼気祭を修せしむ。	鬼気祭	小
2	晴明	永延二年七月四日	今夜、晴明朝臣、□の為、鬼気祭を行なふ。未時ばかり、小野宮に向かひ、小児を見る。又、小児を沐浴す。日ごろ頗る悩気有り。仍りて今夜より、済救をして火炉に芥子を打たしむ。	鬼気祭	小
3	光栄	長保元年九月十六日	悩む所、暁より頗る宜し。光栄朝臣を以て占ひ勘ぜしむ。云はく、「求食鬼の致す所なり」てへり。仍りて今夜、鬼気祭を行なはしむ。	鬼気祭	小
4		寛弘元年六月八日	鬼気を祭らしむ。	鬼気祭	御
5	文高	長和二年八月十三日	今夜、当季鬼気祭。文高、西門。	当季鬼気祭	小
6		長和四年五月廿九日	家の門にて鬼気祭を修す。	鬼気祭	御
7	文高	治安三年七月十七日	今夜、当季鬼気祭を行なふ。文高、西門。	当季鬼気祭	小
8	文高	治安三年十二月二日	当季鬼気祭。北門。文高宿祢。	当季鬼気祭	小
9	文高	治安三年十二月廿三日	願を立てしむ等身の七仏薬師如来・等身の六観音を顕し奉るべし。孔雀経を転読し奉るべし。今夜、文高朝臣を以て、鬼気祭を行なはしむ。占ひに依り、行なふ所なり。。	鬼気祭	小
10	文高	万寿元年十二月六日	当季の鬼気祭北門。文高。。	当季鬼気祭	小
11	文高	長元元年十二月廿二日	当季の修法不動調伏法。阿闍梨〻〻・寂臺。伴僧四口。・当季の鬼気祭文高。。左兵衛督語ふに、「今夕、恒盛を以て河原に於いて内供良円が為、鬼気祭を行なはしむ」と。	当季鬼気祭	小
12	恒盛	長元元年十二月廿二日	今夕、恒盛を以て、於河原に於いて、良円を内供と為し、鬼気祭を行なはしむ。漸く復し、尋常。案内に聞かしむ。時疫に似る。智照云はく、「故に永源、重病、時行を煩ふ」てへり。病	鬼気祭	小

			の間、時疫の気有りか。頼秀闍梨、故に永源扶持し、行なふ。雑事、日来、時疫を重く煩ふ。秘して而るに漏れず。去ぬる夕、万死一生」と云々。		
13	文高	長元元年六月九日	今夜、公家、五ケ処に於いて鬼気祭を行なはる。羅城門・京極四角と云々。陰陽頭文高朝臣、申し行なふ所と云々。	鬼気祭	小
14	恒盛	長元四年二月廿九日	今夜、鬼気祭。西門、為高、病を称す。仍りて陰陽属恒盛を以て祭らしむ。	鬼気祭	小

表六から、定例行事として行なわれたと考えられる鬼気祭は五回（5・7・8・10・11）、疾病時に治療の一環として行なわれたと考えられる鬼気祭は四回（2・3・9・12）である。以下、後者の疾病時に行なわれた鬼気祭について、細かく検討していくことにする。

まず2『小右記』永延二年（九八八）七月四日条であるが、未時、つまり昼の一時過ぎに実資が娘の様子を伺ったところ、娘は沐浴をしたとある。しかし、頗る具合が悪いため、夜になって済救に芥子焼を行なわせたという記事である。安倍晴明が鬼気祭を行なったのも今夜とあるので、娘の病気平癒を祈願して行なった可能性がある。

続いて、3『小右記』長保元年（九九九）九月十六日条であるが、これは実資が自身の病について賀茂光栄に卜占をさせた結果、その原因は求食鬼の所為であるとされ、鬼気祭を行なったというものである。この鬼気祭は明らかに実資の病気平癒のために行なわれたものであるといえよう。なお、この病については二日前から記述がみられる。

『小右記』長保元年九月十四日条
昨の酉剋ばかりより、心神、亦、乱る。身熱く、辛苦す。風痾の疑ひ有るに依り、早旦、沐浴す。今夜、蓮舫阿闍梨を枕上に居ゑ、祈誓せしむ。今日、飲食、殊に受けず。

『小右記』長保元年九月十五日条
今暁より身の熱、頗る消ゆ。夜半より頭打つ。前備前守・権亮及び朝大夫等、訪ひ来たる。證空・覚縁等の阿闍梨、来たる。枕上に於いて祈願せしむ。

『小右記』長保元年九月十七日条
暁方より心神、例に復す。

実資は九月十四日条から、前日の酉剋頃より具合が悪かったことがわかる。つまり十三日の夕方五時過ぎから変調をきたし、十四日には、自己診断で風痾を疑っている。その後、蓮舫阿闍梨に祈誓してもらうものの回復せず、翌十五日に更に証空・覚縁等に祈願をさせている。だが、蓮舫・証空・覚縁等の僧等が祈祷しても一向に回復しなかったため、翌十六日に陰陽師を召し鬼気祭を挙行させた結果、効を奏したのか、十七日に回復したのである。僧等は病名とその原因を述べていないが、賀茂光栄はその原因を「求食鬼」と断定している。この事例から、貴族にとって病気の本当の恐ろしさは、原因が不明の状態であったことにあると考えられないだろうか。十六日に病名がはっきりと診断されたことによって、不安と畏怖心が解消され、病気が回復に向かったように思われてならない。

さて次は、9『小右記』治安三年（一〇二三）十二月廿三日条をみていこう。この日、実資は娘が病気のために如意輪供を行なっている。こちらも病気平癒のために鬼気祭が行なわれたと考えられる。なお、この後、娘が回復したかどうかの記述はなかった。

最後に、12『小右記』長元元年（一〇二八）十二月廿二日条を検討したい。中原恒盛が藤原教通の求めで良円の病気平癒のために鬼気祭を行なったという記事である。こちらもその後、良円が回復したかどうかの記事はない。

以上みてきたように、鬼気祭は病気平癒の目的で行なわれてきたことがわかった。定例行事である鬼気祭を、なぜ行なったかについては、やはり疫鬼の侵入を防いで病気を予防するため、あるいは罹った病気から速やかに回復したいと切実に願う気持ちから執り行なったといえよう。

この鬼気祭は陰陽師以外の者が行なった事例もあった。それは陳泰朝臣という者であり、彼は陰陽師ではなく陰陽道の専門家ではなかった。事例は『小右記』のみにみられ、その対象者は、先の表六と同様に、病気平癒のために行なわれていたことがわかる。

表七　陳泰朝臣が行なった鬼気祭

	和暦年月日	本　文	対象者	備　考	
1	正暦元年七月八日	法橋、今夜、同じく来たり、祈祷を致す。兼ねて大願を立てしむ。児の病、□重く、心神を失ふ。陳泰朝臣をして、鬼気祭を行なはしむ。晴空、来たり、加持す。義蔵闍梨、易筮して云はく、「病、重きに至ると雖も、更に巨害無きか。又、一両の祟り有り。七月節の寅・申の日、平愈を得るか。兼ねて忌み慎しむべし」てへり。	実資小児	義蔵の易筮 七月四日、実資小児病	小
2	正暦四年六月四日	今夜、陳泰朝臣を以て鬼気祭を行なはしむ。家中の上下、悩み煩ふ者、衆し。仍りて行なはしむる所。就中、小尼、重く悩み煩ふなり。	家中上下	六月五日、仁海加持	小

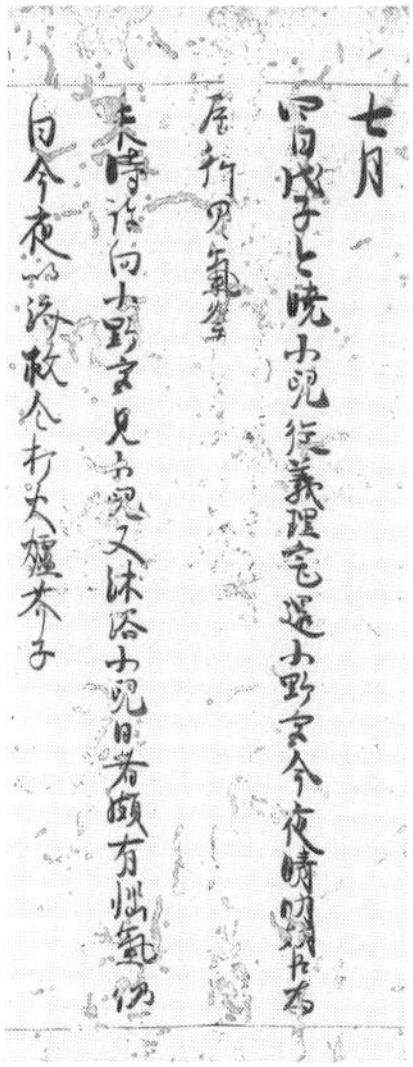

『小右記』（伏見宮本）永延二年七月四日条　宮内庁書陵部蔵

ところで、表六の2『小右記』永延二年七月四日条には、芥子を使った行為がでてくる。芥子とは「けし」とも発音し、カラシナの種子を指す。乾燥させて粉末にしたものは香辛料に利用されるほか、和とうがらしの原料にも用いられる。現在、生薬としては、あまり利用はされていないようである。主な効能は、去痰・皮膚に対する局所刺激作用である。密教修法では、芥子を用いて病気治癒を祈願する護摩（唐辛子）焚なども行なわれることから、こちらも鬼気祭と同様の治療行為の一つとして行なわれたものと考えられる。『源氏物語』でも、六条御息所が、自身に邪を祓う儀式の一つとして利用される芥子の香りが、衣や髪に染み付いていることから、自ら生霊となって葵の上をとり殺したのではないか、という疑念に苛まれている。このような文学作品にも登場する芥子は、当時、病気や物怪を祓う加持祈祷に利用されていたことがわかる。

さて、古記録で芥子焼の事例は、次の十三件が該当した。『小右記』『権記』には所見するものの、『御堂関白記』に記述は見受けられなかった。

表八　古記録にみえる芥子焼

		和暦年月日	本文	対象者	
1	高信	永延元年二月十一日	今夕、小児を清水寺に参らしむ。住僧高信師を以て、七箇日を限り芥子焼を行なはしむ。	実資小児	小
2	済救	永延二年七月四日	今夜、晴明朝臣、□の為、鬼気祭を行なふ。未時ばかり、小野宮に向かひ、小児を見る。又、小児を沐浴す。日ごろ頗る悩気有り。仍りて今夜より、済救をして火炉に芥子を打たしむ。	実資小児	小
3	叡増	永祚元年七月十六日	叡増師を以て、小女児の為、今日より始め、七个日を限り、芥子を修せしむ。	実資小児	小
4	叡増	永祚元年七月廿七日	叡増を以て芥子焼を行なはしむ。今日、結願す。已に其の験有り。	実資小児	小
5	教静	長保元年十二月四日	明日より教静闍梨をして、小児の為に芥子焼を修せしむべし。	行成小児	権
6	教静	長保元年十二月五日	教闍梨、芥子焼。	行成小児	権

7	仁朝	長保元年十二月十八日	仁朝師をして小芥子焼を始めしむ。息災の為なり。	行成小児	権
8	順朝	長保二元年七月一日	順朝闍梨を請ひ、薬助の為に芥子焼を行なはしむ。	薬助	権
9	勘助	長保二年十二月廿八日	去ぬる二十四日より、観助闍梨をして芥子焼を修せしむ。	行成小児	権
10	順朝	長保三年正月二十一日	今夜より順朝闍梨をして芥子焼を修せしむ。七日を限り、竟る。	行成小児	権
11	証玄	寛弘三年正月二十四日	今日より小芥子焼。証玄闍梨。	行成	権
12		寛弘七年十月四日	小女の開眼の為、芥子焼を修す。	行成小児	権
13	斅叡	寛弘八年五月三日	此の夕より斅叡上人を屈請して、芥子焼を修せしむ。病に依るなり。	行成	権

この芥子焼については、非常に興味深い点が二つみつかった。一つは、芥子焼の対象者が、『小右記』ではすべて実資の娘の病気平癒のため、『権記』では行成本人と、行成の小児のために行なわれていることが実に多いということである。二つめは、芥子焼という施術は僧のみが行なっているという点である。新村拓氏は、娘の医療で特徴的なこととして医師が日記の上では全く現れないこと、全般に医療よりも仏の加護を求める行為に終始していたと述べられているが[(3)]、この表からもそれがよく表されている。実資は、表八の3『小右記』永祚元年七月十六日条にあるように、叡増師に七日間の芥子焼を修させているが、七月廿七日に結願するまでの間、さらに娘のために証空・住源師等に加持を修させ、続いて薬師・観音・五大尊像を造らせている[(4)]。この甲斐あって、娘は十七日条に「其の験有り」とあるように回復している。史料からは、子どもの疾病を主な対象として、密教僧によって修された点が浮かび上がるが、その当否は別にして、陰陽道の鬼気祭と同様に、こちらも病気平癒を目的とし、その効果を期待さ

れるものとして、貴族社会の間で広く行なわれていた考えられる。

結論として、陰陽師の疾病時の役割とは、その疾病に祟りの有無があるかどうか、疾病の程度はいかほどか、を判断することであったと考えられる。貴族は自身に関わる相談事は主に陰陽師一人に頼み、自身以外の案件については複数、若しくは僧等、異種の複数の者に診断を要請している。陰陽師は病名を診断することはできず、現代的な意味での治療もしない。その結果、特定の症状に陰陽師を呼ぶこともなければ、特定の専門者を呼ぶこともなかったと考えられる。陰陽師の施術としては、その疾病が祟り等に関わる場合のみ、鬼気祭などの治療的な祭儀的施術を執り行なう。当時の貴族にとっては、これらの祭儀も広い意味での治療行為の一つとして認められており、これらの祭儀によって心理的救済が達成されたといえよう。つまり陰陽師とは、占いを主とする助言者でもあり、相談者でもあったのだろう。

貴族たちも陰陽師には医療行為を求めておらず、患部の治療行為に関しては専門の医師に委ねていたと思われる。陰陽師に課せられた使命は、凶事を避け、貴族の心の平安と平静を取り戻す指針となる役割であったと推察されるのである。

第三節　王朝貴族の宗教的治療

これまで摂関期の貴族たちが行なってきた、さまざまな治療行為について考察してきた。治療を行なった者は、主に医師であり、陰陽師はその医師の診断と治療を補完する役割を担っていた。この治療という概念には、服薬や外的な治療行為が含まれている。しかし、僧が執り行った加持祈祷や、陰陽師が疾病からの回復を目的として行なった鬼気祭などは、現代医学の観点からすると、治療行為とは見做されない。

しかし、当時の貴族たちにとっては、精神を平静な状態に戻すために行なわれた修法や祭儀も、広い意味での治療の一環であったと考えられる。そもそも現代的な治療行為と宗教的な治療行為を、別のものであると弁別する必要があるのだろうか。宗教と科学を区別する見方は近代以降の常識であり、前近代社会においては、両者は混然一体として融和して存在していた。平安貴族たちの通念としても、宗教と科学は決して別途のものとして認識されてはいなかったのであろう。

故に、加持祈祷や修法による精神的治癒も、摂関期においては同じく治療行為の一つであり、むしろ最先端の治療行為の一つとして認識されていたのではなかったか。ここでは、宗教的な治療について、現代的な医学の見地からして有効でなかった面と、精神的に平安を与えたと面という二つの視座で、宗教の役割について考察していくことにする。

Ⅰ．治療における仏教の役割

現代的医学の視点からすると、治療とは、患部の痛みや疵を正常な状態に戻すことを意味するが、平安貴族における治療とは、患部の治癒と精神的治癒が、並列的に行なわれたものと思われる。貴族たちは、精神的な治癒も治療の一環と見做し、現代で根治には相当しない精神的な回復をも疾病の回復として捉えていたと考えられる。そのため、陰陽師の祭儀なども、これに含まれると思われる。

この精神的治療において注視されるのが、宗教の役割である。

服部敏良氏は、仏教や陰陽道の役割について次のように述べている(1)。

仏教は彼等の腐敗に乗じて徒に加持祈祷を事として現世の利益を説き、神経質な貴族の心の慰安となり、救いとなるよりも、寧ろ彼等の不安を増大し、神経をいらだゝせるに過ぎなかった。また陰陽道の隆昌は、俗信仰の隆盛となり、迷信の流行となって、貴族に適正な判断力を失わしめ、また彼等を妄想にとらわしめて、平安時代思想界を一層混乱に落し入れ、文化を渋滞せしめるに至った。

さらに氏は、次のようにも述べている。

平安時代の仏教は、虚弱神経質な平安時代の貴族の不安、悩みを一層増大せしむるに過ぎない結果となり、疾病に対する加持祈祷は医学知識の欠如した僧侶が民衆の無智と相俟って、無批判に佛験を惑わすために行ったものと云い得るのである。

つまり服部氏は、仏教精神に基づき、民衆救済事業が進んだのは確かとしながらも、仏教や陰陽師による行為は、貴族にとっては無明を増幅させる一因であったと認識しているのである。

精神的に脆弱であったと思われる貴族たちが、様々な加持祈祷等の宗教的行為に対して、精神的回復はするものの、患部が一向に回復されないことで、さらに不安を増大させた一面もあるとは言える。これは宗教的な治療の目的が、精神の平静であるから当然であるとも言えなくもない。貴族たちは救済への憧憬から加持祈祷を繰り返し強く所望し、結果的に混迷の状態へ傾倒したのではなかろうか。また、このような各種行なわれた加持祈祷や修法が、僧等の経済的繁栄と、政治的介入を許す状況を生み出すことにも繋がったと推測される。

しかし、宗教の存在意義としては、我々が考えるよりもはるかに大きい意味があったと考えたい。宗教的治療には、貴族に心の平安、或いは癒しをもたらし、それによって心身共に治癒に向かわせた、大きな力があったと推測する。

現代の医学では、病気の患部そのものを根治することに主眼が置かれており、その患者の精神を治療および治癒させることは、どこか置き去りにされている。昨今、癒しブームなるものが流行し、精神の治癒が叫ばれている。明治時代に採り入れられた西洋医学では、病気患部の治癒という一部分だけを採り入れてしまったと思われる。

本来、西洋医学にもヒーリング（癒し）という側面が存在する。このヒーリングならぬ癒しは、むしろ仏教に元々存在した考え方である。仏教の開祖である釈尊も人々を救済する際に、この精神的癒しで人々を治癒していたと言われている。平安貴族は、まさにこの癒しを治療に採り入れた治療法を行なう人たちではなかっただろうか。

我々は、現代の医学がもっとも進んでいて、優れていると思いがちである。しかしこれは、科学が発達したことにより、小手先の医療技術や薬の効能が上がったに過ぎないのではないだろうか。また時代が進めば、この現代の医療も、物理的・身体的な治療行為ばかりが優先されて、精神的な側面への治療が欠落した稚拙な治療として、回顧される日が到来しないとは決していえないように思われる。

Ⅱ．貴族の治療判断

これまで摂関期の貴族たちの疾病時における対処の様相を検討してきた結果、貴族たちにとって治療の概念とは、物理的・肉体的な面の治療と、精神的な治療の両者が含まれていたことが浮かび上がってきた。但し、その中でも貴族たちがまず行ったのは、精神的治療よりも物理的・肉体的な回復治療の方であり、その意味でやはり一応後者に重きが置かれていたと考えられる。

貴族たちは怨霊が存在すると思い込み、怨霊などの「物」によって病気に罹るという思考形式を有していた。まず先に病気に罹ると、それを「物」のせいだと思い込むことによって、症状をさらに重くもした。このように精神的なものに左右されてはいるものの、その分、精神的ケアの宗教的治療の分野が発達したとも考えられる。

ではこのような貴族の実態をよく表している事例について、みていくことにしたい。貴族の疾病に対する対応の様相を顕著に表しているのが、藤原実資の頬腫の記事である。

実資は、『小右記』治安三年（一〇二三）九月三日条にみえるように、転倒して頬を長押に突いて一寸ほど切ってしまった。翌日から医師である和気相成に療治をはじめさせるとともに、祈祷や仏供養も始めている。さらに八日になると、患部を地菘・桑・蓮葉の三種で湯洗し、その後に地菘葉を付けている。

ここで注視すべき点として、怪我をした直後に医師が派遣されて診断を行ない、治療をしていることである。この当時、五位以上の公卿が増加したとはいえ、直ちに医師が派遣されていることは、貴族社会にある程度の医療システムが整っていたことを表してはいないだろうか。

そしてこの医師の治療を実資が直ぐに試していることも注目すべきであろう。処方された薬となる生薬類を実資が所持、あるいは入手できたことは、実に興味深い。医師の治療も受けつつ、夢告による治療、双方を試しているのである。つまり現実的な医師の治療と、現実的とはいえない夢告による治療を並行して行なっていることは、当時の貴族の治療に対するあり方を、如実に表していよう。貴族は、一見神秘的な存在と思われがちな夢告を現実的な治療に利用しているのである。

ところが十三日になって症状が悪化したため、翌日ふたたび和気相成を召し、療治をさせている。和気相成の蓮葉汁を使った療治のほかに、前日の夢想により自身で支子（梔子）汁をも付している。

さらに実資は、中原恒盛に、頬の疵に祟りがあるか否かを卜占させている。実資は、自身の頬の疵という怪我に直面し、闇雲に異種の者たちに治療方針を諮問しているのではなく、医師にその病状を窺い、治療を施させ、陰陽師に祟りの有無を卜占させつつ、自身の知識も活用しているのである。これはつまり、医師と陰陽師を呼び診断をさせ、その回答に自分が納得いくまで、複数の人を呼んでいたと考えられよう。

この後も実資は、現実的な医師の治療と、自身の夢想による治療法を並行に試している。さらに興味深いのは、閏九月二十八日には夢想に老僧が登場して、実資の面の疵が癒えたのは薬師如来の冥助であると記されていることである。(2) 実際に医師の治療が効を奏したとは言うまでもないが、これを宗教的な力のおかげであるとしているところに、宗教の可能性を感じることができよう。

おわりに

本書では、摂関期における貴族の疾病の様相について三章にわたって考察してきた。論述の各点については各章随所でまとめておいたが、最後に改めて論点を簡潔にまとめておくならば、以下の通りである。

まず第一章では、貴族の薬の使用状況と外的な治療について考察した。貴族たちは、多種の薬を用途を識別して使用していた。従来の理解では、王朝貴族たちの姿として、疾病や怨霊に怯える一面のみを際立たせて彼らの存在の特質を語ることが多かったように思われる。しかし、彼らは医師や陰陽師の診断を適宜に使い分け、医師の医学的治療を受けつつ、時には自身の知識によって服薬行為も行ない、補完的に陰陽師の宗教的な意味合いをもつ診療も受診するというように、実に理性的で合理的で能動的な一面も持ち合わせていた。古記録から浮かび上がってくる貴族たちの医薬の利用に関する諸事例は、こうした貴族たちの精神性を垣間見ることができる興味深い事象であるといえよう。

次いで第二章では、服部敏良氏の『王朝貴族の病状診断』に記述された十種の疾病について、文学作品と古記録に記された病状が同じものを示しているかについて検討した。古記録を解読すると、服部氏の根拠がそれほど確実なものではなく、実に曖昧であることがわかった。古記録を中心とした信頼できる史料を用いて検証することもせず、文学作品を主な依拠として組み立てられた服部氏の所見を永く通説としてきた学界の態度には、ある意味、疑問を抱かざるを得ない。

最後に第三章では、貴族たちの治療について僧や陰陽師の疾病時の役割について、それぞれ考察した。僧が疾病の際にどのような対処や施術を行なっているかについて検討してきた。

本来であれば、貴族たちの疾病の様相を全面的に論じるためには、疾病時における仏教僧の具体的な関与のあり方、とりわけ密教の加持祈祷や病魔調伏の修法の実態について、特に章節を設けて論じるべきであった。しかし、そのためには本書で主に依拠史料と扱った古記録以外にも、古文書類を中心とした寺院史料などをはじめとする膨大な生の史料群が存在し、それを繙くことなくして全面的な論及は不可能であろう。

故に本書では敢えてその問題に全面的に踏み込むことはしなかったのであるが、貴族たちの疾病を論じるために是非とも必要で避けることのできない論点の一つであろう。他に論じ残した諸点も含めて、仏教と治療の問題、僧が医療の上で果たした役割などについては、さらに今後の課題として後考を期すこととしたい。

以上、全体を通じて古記録にみえる王朝貴族たちの疾病と病悩への対処対応を俯瞰的に見ると、そこには実に豊かな貴族たちの精神性と社会的特性が発露され反映されているように思う。疾病や病悩は、古今東西の人類に普遍的な事象であるが、わが国の平安時代に生きた貴族たちも、その独特な時代背景と社会環境・風土の中で、疾病と病悩に対して、時には合理的・積極的に、時には不安と焦燥に駆りたてられながら、真摯なる対処対応を行なって、その結果、独自の医療文化を形成していったといえる。

古記録からはそのような貴族たちの独自の医療文化の影像が生き生きと浮かび上がってくるように思われるのである。

最後に、藤原道長の死について触れておこう。『小右記』と『栄花物語』では、その臨終の場面の様相が全く異なっている。

『小右記』万寿四年十一月十日条
夜に入りて、中将、来たりて云はく、「初め禅室に参る。太だ危急に坐す。臥しながら汚穢有り。而るに心神、例のごとし」と云々。

『小右記』万寿四年十二月二日条
式光、云はく、「去ぬる夜半ばかり、禅閤、忠明宿禰を以て、背の腫物を針せらる。膿汁・血等、少々、出づ。吟じ給ふ声、極めて苦しき気なり」てへり。

『小右記』万寿四年十二月三日条
黄昏、式光、来たりて云はく、「御胸許、暖かに給ふ」てへり。夜に入りて、中将、来たりて云はく、「只、御頭ばかり、揺れ動く。其の外、憑み無し。……」てへり。

道長は体調を崩し、十一月には汚物まみれとなり、十二月に入ると背中に腫物を発し、腫物に針治が施されたものの、翌日には頭だけが揺動する昏睡状態となった。苦しみが続き意識が遠のく道長には、果たして阿弥陀仏が見えていたのだろうか。一方、『栄花物語』には次のようにある。

『栄花物語』巻三十　つるのはやし

すべて臨終念仏思しつづけさせたまふ。仏の相好にあらずよりほかの色を見むと思しめさず、仏法の声にあらずよりほかの余の声を聞かんと思しめさず、後生のことよりほかのことを思しめさず、御目には弥陀如来の相好を見たてまつらせたまひ、御耳にはかう尊き念仏を聞しめし、御心には極楽を思しめしやりて、御手には弥陀如来の御手の糸をひかへさせたまひて、北枕に西向きに臥させたまへり。

道長は臨終に際し、九体阿弥陀仏の姿を見ながら、念仏を聞き、名号を唱えて極楽往生を迎えた。その手には阿弥陀如来の御手を通した糸が握られていた。そこに死の恐怖や苦しみは感じられない。『小右記』と『栄花物語』を対比すると、一般には『栄花物語』は史実ではないと見られているが、すでに医学的治療を終えた道長にとっては、極楽から阿弥陀仏が迎えに来ているという臨死夢を見ていたのであろうから、本人にとっては、その瞬間は、まさに極楽だったのであろう。道長は自ら作った浄土世界である法成寺において、まさに完璧な末期医療を受けていたのであり、そうすると、『小右記』

法成寺・土御門第模型（京都市歴史資料館所蔵、京都市平安京創生館展示）
同故池　倉本一宏撮影

は外面的な状況（事実）を記しているに過ぎず、道長の内面を描く『栄花物語』の方が、実は実際の心情に近かった可能性もある。

「日本紀などはかたそばぞかし」（『源氏物語』蛍）という言葉は、まさに一面の真実を衝いていたのである。

法成寺九体阿弥陀仏模型（風俗博物館蔵）
倉本一宏撮影

道長臨終人形（風俗博物館蔵）　倉本一宏撮影

註

〈はじめに〉

（1）服部敏良『王朝貴族の病状診断』（吉川弘文館、一九七五年）。

〈第一章　王朝貴族の薬と治療〉

第一節　王朝貴族の投薬

（1）新村拓『古代医療官人制の研究　典薬寮の構造』（法政大学出版局、一九八三年）、丸山裕美子『日本古代の医療制度』（名著刊行会、一九九八年）、新村拓編『日本医療史』（吉川弘文館、二〇〇六年）。

（2）『続本朝往生伝』（井上光貞・大曽根章介校注『日本思想大系　往生伝・法華験記』岩波書店、一九七四年）。

（3）養老医疾令・典薬寮合雑薬条25
典薬寮。毎レ歳量二合傷寒。時気。瘧。利。傷中。金創。諸雑薬一。以擬二療治一。諸国准レ此。
典薬寮は、毎年、傷寒・時気・瘧・下痢・傷中・金創、諸々の雑薬を調製して、治療の用意をしておくこと、諸国もこれに準じること。とある。

（4）蘇蜜とは、牛乳から作られるバターに似た油である酥油《そゆ》と、蜂蜜のことを意味する。また密教で護摩の修法に用いられた。

（5）乳脯とは、別称を乳腐といい、現代のチーズのようなものであるとされる。『小右記』寛仁三年（一〇一九）八月十三日条には痢病の薬として乳脯が用いられている。

（6）『小右記』万寿二年（一〇二五）八月十八日条では、藤原定頼の求めにより実資は歌梨勒・檳榔子を与えている。

『小右記』治安三年（一〇二三）十一月十六日条では、惟宗が腫物の薬種を所望していることがわかる。

(7)『御堂関白記』長和元年（一〇一二）十月廿九日条から、藤原道長が三条天皇に紅雪を奉っていることがわかる。

(8)『御堂関白記』長和五年（一〇一六）九月十四日条。

(9)『御堂関白記』寛弘元年（一〇〇四）六月廿二日条、寛弘元年六月廿三日条、寛弘元年六月廿六日条。

(10)『権記』寛弘六年（一〇〇九）九月九日条。

(11)服部敏良『王朝貴族の病状診断』（吉川弘文館、一九七五年）。

(12)井上光貞・関晃・土田直鎮・青木和夫校注『日本思想大系　律令』（岩波書店、一九七六年）。

(13)本書での薬に関する説明に関しては、すべて久保道徳・吉川雅之『医療における漢方・生薬学』（廣川書店、二〇〇三年）、昭和漢方生薬ハーブ研究会『漢方210処方　生薬解説』（じほう、二〇〇一年）、昭和漢方生薬ハーブ研究会『漢方294処方　生薬解説』（じほう、二〇一六年）、鈴木昶『身近な漢方薬剤事典』（東京堂出版、一九九七年）を参考としている。

　韮とは、ユリ科のニラの葉を基原とする。別名を起陽草、韮白とも。主な産地は、中国や東南アジア、日本である。効能は、胃腸系を温め、気をめぐらし、瘀血を除き、諸毒を解す。また腎陽を補い、強壮をはかる。生汁では腸内の瘀血を下す。主に狭心症、吐血、糖尿、痔、脱肛、打撲に効能が認められ、外用では、虫さされや切創に用いられる。さらに韮は、種子も韮子として薬用にされ、主に強壮剤として用いられた。

(14)梨に多く含まれる無機成分はカリウムであり、血圧を下げる作用がある。また利尿作用があり、体内の代謝を整え、疲労回復、解熱、去痰作用があると言われている。

(15)甘葛とは、つる草の一種でアマチャヅルのこと指す。茎を切り、切り口から出る汁を煮詰めた甘味料を甘葛煎という。『小右記』長和四年（一〇一五）六月廿六日条。

(16)『医心方』（槇佐知子校注『全訳精解　医心方』筑摩書房、一九九三―二〇〇六年）。

(17)牽牛子とは、ヒルガオ科アサガオの種子を基原とする。別名を黒白丑、二丑、草金鈴とも。黒色種皮を黒牽牛子、白色種皮を白牽牛子と呼ばれている。主な産地は中国全土であり、利水、瀉下、寄生虫に効能がある。牽牛子と大黄を配合して利用されることが多い。

(18)『小右記』長和二年（一〇一三）五月七日条、長和二年五月九日条、寛仁元年（一〇一七）八月廿九日条、寛仁元年九月廿三日条、寛仁元年九月廿三日条、治安三年十一月四日条。

(19)『御堂関白記』長保二年（一〇〇〇）二月四日条、寛弘五年（一〇〇八）正月十七日条、寛仁元年十一月三日条。

(20)『小右記』には、各地から薬が進上されている史料が多く残されている。例えば『小右記』長和四年九月廿四日条では、大宰権帥藤原隆家が丁子・麝香・甘松等を進上していることがみえる。さらに、万寿四年（一〇二七）十二月八日条では肥前守惟宗貴重から、丁子や桹榔が進上されている。

(21)甘草とは、マメ科の根を基原とする。別名を密甘、蜜草ともいう。効能は、胃腸機能を調え緊張をとる。肺の津液を補い鎮咳去痰するほか、薬物・食物の中毒を解毒する。外用して皮膚の炎症を止め、またトゲ抜きにも用いられる。甘草は各種生薬と混合して用いられることが多く、その処方は一五〇通りもある。

(22)芥子はカラシナの種子を指し、和がらしの原料に用いられるが、現在では生薬としての流通はない。

(23)積雪草は連銭帖と呼ばれ、シソ科カキドオシの花期の全草を乾燥したものである。主な産地は、中国浙江省、日本の宮崎県や鹿児島県、徳島県である。効能としては、黄疸、胆のう結石に応用される連銭帖には、利疸作用、肝細胞の肝汁分泌の促進作用がある。また、その煎液に利尿作用が認められている。その他に抗炎症作用、抗菌作用があり、黄疸、胆のう結石に民間療法として用いられている。

(24)大黄とは、タデ科、またはそれらの種間雑種の通例根茎を使用する。別名を将軍、川軍、雅黄ともいう。野生品であり、主な産地は四川省、日本では北海道である。大黄は便秘、高血圧症、解熱・鎮痛・消炎、皮膚疾患を目的とした漢方処方に配合される。また効能として、胃腸系の炎症を除き、通便をはかり、瘀血を除く際に用いられる。

(25) 大豆はマメ科の一年草。中国が原産で日本には縄文時代に渡来したとされる。その品種は一〇〇〇を越す。薬用には黒豆と呼ばれるクロダイズを用いる。漢方では消炎、沈静、健胃などの目的で処方に配合される。

(26) 紫草とはムラサキ科の多年草であり、根は古くから染料にされた。漢方名は紫草、日本名は紫根。漢方では抗炎症作用、創傷治癒の促進作用、殺菌作用がある。

(27) 薏苡湯とは、イネ科ハトムギの種子の胚乳をいう。果実の果皮を除いていないものを、ハトムギという。別名として玉珠、薏米ともいう。主な産地は湖南省やタイである。薏苡湯は関節リウマチ、神経痛などの身体の疼痛や浮腫などの治療を目的とした漢方処方に配合される。また効能として、利尿し水腫を除き、瘀血を除き、イボをとり、肌を潤す。また、肺気を調え咳嗽を治す。また炒したものは下痢を止め、神経痛やリウマチや四肢筋肉のけいれん、脚気、水様性下痢に用いられる。

(28) 麻子散の「子」は実を表わし、「散」は粉末と考えられるので、麻の実を粉末状にしたものであると推測される。生薬に麻子仁《ましにん》と呼ばれるものがあり、別名に麻子《まし》とあるため、同一のものと思われる。麻子仁とは、クワ科アサの果実を指す。効能は腸の津液を補い、乾燥便の排出を容易にする。漢方処方では、滋潤、滋養により便通を改善する目的で配合されている。

(29) 『古事類苑』方伎部十四・薬方所載『重修本草綱目啓蒙』九・芳香に甘松香とみえる。

(30) 桑とは、クワ科クワ属の落葉中高木で、薬にするのは根と葉である。根にはフラボノイドのモルシン、クワシンなどが含有されており、根の煎液を咳止めに、葉は高血圧の予防に用いられる。

(31) 石榴(柘榴)とは、インドの北西部からペルシア地方にかけて自生するザクロ科の落葉小高木である。日本では本州の北端まで栽培されている。薬用にするのは樹皮や根皮であり、樹皮には強い条虫駆除作用がある。果皮は収斂作用があり、下痢止めに使用される。

(32) 支子とは、アカネ科の常緑低木で原産地は東アジアである。果実は熟すと黄赤色になり、染料とするほか、漢方では山梔子《さんしし》（クチナシとも）といい消炎・利尿剤などに用いる。

(33) 沈香とは、ジンチョウゲ科ジンコウ、またはその他同属植物の材を指し、特にその辺材の材質中に黒色の樹脂が沈着したものである。別名を伽羅、伽南香、密香とも。主な産地はベトナム、タイ、ラオスである。主な効能としては、上衝した気を下げ、胃腸系を温め機能を高める。主治として、突き上げるような喘息発作、嘔吐、胃・腸の膨満痛、大腸の気が虚して便秘するもの、神経性尿意頻回症、神経症尿道炎に用いられる。

(34) 菘はアブラナ科に属す越年草。別名をカブともいう。効能は、消化促進を促し、またしもやけにも用いられる。

(35) 丁子とは、フトモモ科チョウジのつぼみを基原とする。別名を丁香、支解香ともいう。主な産地はマダガスカルやブラジルである。効能は、胃腸系および腎を温める。また気の上逆を降ろすとあり、嘔吐、下痢、腹部冷痛や真菌により皮膚疾患に用いられる。

(36) 棗とは、クロウメモドキ科ナツメの果実を基原とする。別名を乾棗、円棗ともいう。主な産地は中国江南省、山東省。効能は、脾胃を補い、気を整え精神安定作用を持つ。そのため、胃腸系の虚弱による食欲不振、神経症による動悸・不安、婦人のヒステリーに用いられる。また、棗は各種生薬と混合して用いられることが多く、その処方は六七通りもある。

(37) 蓮とは、スイレン科の水生の多年草。インド原産で、古く中国から渡来し、池・沼などに栽培される。別名を蓮華ともいう。漢方ではこの蓮の種を蓮肉、蓮子と呼び使用する。蓮肉の効能として下痢・健胃・強壮・精神安定の作用がある。

(38) 巴豆とは、トウダイグサ科の常緑小高木で熱帯アジアが原産である。毒を排するための峻下剤とされたが、現在では薬用利用されない。

(39) 朴とはモクレン科の落葉高木で日本特産である。薬用部分は樹皮で、枝の樹皮をはぎとって日干しにしたものを「厚朴」と呼ぶ。収斂、利尿、去痰作用などがある。

(40)桃とは、バラ科モモ、またはその種子を基原とする。別名を桃核仁という。効能は、瘀血を除き、血行を促進する。また腸の津液を潤し、便通をなめらかにする。主治は、瘀血による発熱・腹痛、関節リウマチ痛、マラリア、打撲傷に用いられる。

(41)楊とはヤナギの一種と思われる。

(42)柳は、ヤナギ科ヤナギ属の落葉樹で、樹皮の抽出エキスは鎮痛・解熱のために用いられている。

(43)金液丹とは、道教の秘薬ともいわれるが、その詳細については不明も多い。『和名類聚抄』巻十二には、金液丹の別名として、玉液丹、霊花丹、霊景丹、神化丹、玄塵丹、不老不死丹がみられる。医師である但波忠明が、藤原頼宗室に投薬を指示したことが『小右記』に所見する。『小右記』長元四年（一〇三一）八月三日条、および四日条。

(44)丹薬とは、道教の秘薬ともいわれるが、その詳細については不明である。『小右記』に、三条天皇が御眼疾のために服用しているのが所見する。『小右記』長和三年（一〇一四）三月一日条。

(45)牛矢の「矢」は糞を指すので、牛の糞であろうか。

(46)鷹矢の「矢」は同じく、鷹の糞であろうか。

(47)猫矢の「矢」は同じく、猫の糞であろうか。

(48)麝香とは、ヒマラヤ山系の高山地帯や中国西部、シベリアなどの山地に生息するジャコウジカの雄の香嚢から取り出した分泌物を乾燥したもの。漢方では興奮・強心・鎮痙薬として利用される。

(49)痢病とは、主に下痢の症状をいう。

(50)『小右記』永延元年（九八七）六月十日条　赤痢、猶ほ未だ愈えず。仍りて呵梨勒丸三十丸を服す。三・四度、快瀉す。其の後、殊なる事無し。

実資は『小右記』の記録上初めての時点で、呵梨勒をすでに三十丸服用している。

(51)『御堂関白記』長保二年二月四日条、寛弘五年正月十七日条、寛仁元年十一月三日条。

(52)『小右記』長和二年（一〇一三）五月九日条、長和三年十二月廿五日条、長和四年九月廿四日条、万寿二年二月十四日条、万寿二年三月十四日条、万寿二年八月十八日条、万寿二年十月廿六日条、万寿四年十二月八日条、長元二年（一〇二九）三月二日条、長元二年八月二日条、長元三年（一〇三〇）八月廿二日条。

(53)『小右記』万寿二年二月十四日条、万寿二年十月廿六日条、万寿四年十二月八日条、長元二年三月二日条、長元二年八月二日条。

(54)鳥越泰義『正倉院薬物の世界』（平凡社、二〇〇五年）

(55)鳥越泰義『正倉院薬物の世界』（平凡社、二〇〇五年）

(56)養老医疾令・薬園条20には次のようにある。

凡薬園。令二師検校一。仍取二園生一。教二読本草一。弁二識諸薬并採種之法一。随近山沢。有二薬草一之処。採握種之。所レ須人功。並役二薬戸一。

薬園は、師に検校させること。園生を採用して、本草を教え読ませ、諸薬、併せて、採取・栽培方法を弁え知らせること。付近の山沢に薬草があるならば、採ってきて植えること。用いる人手は、いずれも薬戸を使役することとある。

(57)鳥越泰義『正倉院薬物の世界』（平凡社、二〇〇五年）

第二節　王朝貴族の治療

(1)摂関期の貴族の治療については、新村拓「藤原実資の病気とその対応行動」（『日本医療社会史の研究　古代中世の民衆生活と医療』所収、法政大学出版局、一九八五年）、丸山裕美子「平安日記にみる疾病―摂関期の貴族の病と中国医学―」（安田政彦編『生活と文化の歴史学8　自然災害と疾病』竹林舎、二〇一七年）で詳述されている。その他、実資の類の腫物については、倉本一宏『平安貴族の夢分析』（吉川弘文館、二〇〇八年）で触れられている。

(2)『小右記』万寿元年（一〇二四）十月廿五日条、万寿元年十一月九日条。

(3)小瘡とは、皮膚にできる腫物をいう。

（4）蛭喰とは、蛭に患部の皮膚の悪血を吸い取らせて腫物などを治療することをいう。「Ⅳ．治療の種類」を参照。
（5）『小右記』長元元年（一〇二八）九月廿二日条。
（6）鈴木昶『身近な漢方薬剤事典』（東京堂出版、一九九七年）。

〈第二章　王朝貴族の病悩〉

（1）服部敏良『王朝貴族の病状診断』（吉川弘文館、一九七五年）。新村拓「藤原実資の病気とその対応行動—平安貴族と治病修法・祭法—」（『日本医療社会史の研究　古代中世の民衆生活と医療』所収、法政大学出版局、一九八五年）に実資の治療法が詳しく論じられ、丸山裕美子「平安日記にみる疾病—摂関期の貴族の病と中国医学—」（安田政彦編『生活と文化の歴史学8　自然災害と疾病』竹林舎、二〇〇七年）でも、忠平・師輔・道長・実資・行成・資房の疾病が簡潔に整理されている。
（2）中国の医書。六一〇年、隋の巣元方が勅を奉じて編纂させた中国伝統医学における唯一の病因・病理・病態学全書。全五〇巻、一七二六項目からなる。『医心方』もこの書を範をとしている。
（3）承平五年（九三五）以前、勤子内親王の求めに応じて源順が記した意義分類体の漢和辞書。別名、和名抄。
（4）伊藤正男・井村裕夫・高久史麿総編集『医学書院医学大辞典』（医学書院、二〇〇九年）
（5）『小右記』長和五年（一〇一六）五月十八日条。
（6）『御堂関白記』長和四年（一〇一五）閏六月廿日条。
（7）『御堂関白記』長和四年七月廿九日条。
（8）藤本勝義『源氏物語の〈物の怪〉—文学と記録の狭間—』（笠間書院、一九九四年）。
（9）『小右記』寛弘二年（一〇〇五）三月十四日条。
（10）『倭名類聚鈔』病三・瘧病

〈第三章　王朝貴族の宗教的治療〉

第二節　陰陽師の施術

（1）『日本国見在書目録』に、薬草草本八十巻、仙薬方一、神仙眼薬食方経一、等が記されている。
（2）養老職員令・陰陽寮条9参照。
（3）新村拓『日本医療社会史の研究』（法政大学出版局、一九八五年）
（4）『小右記』永祚元年（九八九）七月廿三日条。

第三節　王朝貴族の宗教的治療

（1）服部敏良『平安時代醫學の研究』（吉川弘文館、一九六八年）。
（2）倉本一宏『平安貴族の夢分析』（吉川弘文館、二〇〇八年）。

主要参考文献

（1）古記録

古記録はすべて訓読文で記載している。
内容は全て国際日本文化研究センターの「摂関期古記録データベース」に依る。

『小右記』
大日本古記録　東京大学史料編纂所編纂　岩波書店　一九五九～八六年
倉本一宏『現代語訳　小右記』　吉川弘文館　二〇一五年～
国際日本文化研究センター「摂関期古記録データベース」
(https://db.nichibun.ac.jp/ja/)　二〇一五年～

『御堂関白記』
陽明叢書　陽明文庫編　思文閣出版　一九八三～八四年
大日本古記録　東京大学史料編纂所・陽明文庫編纂　岩波書店　一九五二～五四年
倉本一宏『藤原道長「御堂関白記」全現代語訳』　講談社　二〇〇九年
国際日本文化研究センター「摂関期古記録データベース」　二〇一二年

『権記』
史料纂集　渡辺直彦・厚谷和雄校訂　八木書店　一九七八～九六年
増補史料大成　増補「史料大成」刊行会編　臨川書店　一九六五年
倉本一宏『藤原行成「権記」全現代語訳』　講談社　二〇一一～一二年
国際日本文化研究センター「摂関期古記録データベース」　二〇一三年

（2）編纂史料

『小記目録』
大日本古記録　東京大学史料編纂所編纂　岩波書店　一九七九～一九八二年

『公卿補任』
新訂増補国史大系　黒板勝美・国史大系編修会編　吉川弘文館　一九七一年

（3）文学作品

『栄花物語』
新編日本古典文学全集　山中裕・秋山虔・池田尚隆・福長進校注・訳　小学館　一九九五～九八年

『大鏡』
新編日本古典文学全集　橘健二・加藤静子校注・訳　小学館　一九九六年

『今昔物語集』
新編日本古典文学全集　馬淵和夫・国東文麿・稲垣泰一校注・訳　小学館　一九九九年

『今昔物語集』
新日本古典文学大系　今野達校注　岩波書店　一九九三年

（4）史料集・辞典等

東京大学史料編纂所編『大日本史料』第一篇之十～二十四　東京大学出版会　一九三七～一九八八年

東京大学史料編纂所編『大日本史料』第二篇之一～三十二　東京大学出版会　一九二八～二〇一九年

国史大辞典編集委員会編『国史大辞典』　吉川弘文館　一九七九～一九九七年

井上光貞・関晃・土田直鎮・青木和夫校注『日本思想大系　律令』　岩波書店　一九七六年

角田文衛監修、古代学協会・古代学研究所編『平安時代史事典』　角川書店　一九九四年

角田文衞総監修、古代学協会・古代学研究所編『平安京提要』角川書店　一九九四年
槇野廣造編『平安人名辞典』高科書店　一九九三年
笹山晴生編『日本古代史年表（下）』東京堂出版　二〇〇八年
久保道徳・吉川雅之『医療における漢方・生薬学』廣川書店　二〇〇三年
昭和漢方生薬ハーブ研究会『漢方210処方　生薬解説』じほう　二〇〇一年
昭和漢方生薬ハーブ研究会『漢方294処方　生薬解説』じほう　二〇一六年
鈴木昶『身近な漢方薬剤事典』東京堂出版　一九九七年

（5）薬用植物に関するデータベース類

熊本大学薬学部薬草園　植物データベース（https://www.pharm.kumamoto-u.ac.jp/yakusodb/）
薬用植物資源研究センター　薬用植物総合情報データベース（http://mpdb.nibiohn.go.jp）
日本漢方生薬製剤協会（https://www.nikkankyo.org/index.htm）
　＊「生薬一覧」のウェブサイトより、薬用植物の写真・情報を閲覧できる。
武田薬品工業株式会社　京都薬用植物園（https://www.takeda.co.jp/kyoto/）
　＊「エリア・植物紹介」のウェブサイトより、園内で栽培・展示されている薬用植物の写真・情報を閲覧できる。
養命酒製造株式会社（https://www.yomeishu.co.jp）
　＊「健康・知識・情報」の中にある「元気通信」「生薬百選」より、薬用植物の写真・読み物を閲覧できる。

（6）著書

倉本一宏『摂関政治と王朝貴族』吉川弘文館　二〇〇〇年
倉本一宏『一条天皇』吉川弘文館　二〇〇三年

倉本一宏『平安貴族の夢分析』 吉川弘文館 二〇〇八年
倉本一宏『三条天皇』 ミネルヴァ書房 二〇一〇年
倉本一宏『藤原道長の日常生活』 講談社 二〇一三年
倉本一宏『藤原道長の権力と欲望「御堂関白記」を読む』文藝春秋 二〇一三年
倉本一宏『平安朝 皇位継承の闇』 角川学芸出版 二〇一四年
新村 拓『日本医療社会史の研究』 法政大学出版局 一九八五年
新村 拓『古代医療官人制の研究 典薬寮の構造』 法政大学出版局 一九八三年
鳥越泰義『正倉院薬物の世界』平凡社 二〇〇五年
服部敏良『王朝貴族の病状診断』 吉川弘文館 一九七五年
服部敏良『平安時代醫學の研究』吉川弘文館 一九六八年
藤本勝義『源氏物語の〈物の怪〉―文学と記録の狭間―』 笠間書院 一九九四年
新村拓編『日本医療史』 吉川弘文館 二〇〇六年
丸山裕美子『日本古代の医療制度』 名著刊行会 一九九八年

略系図

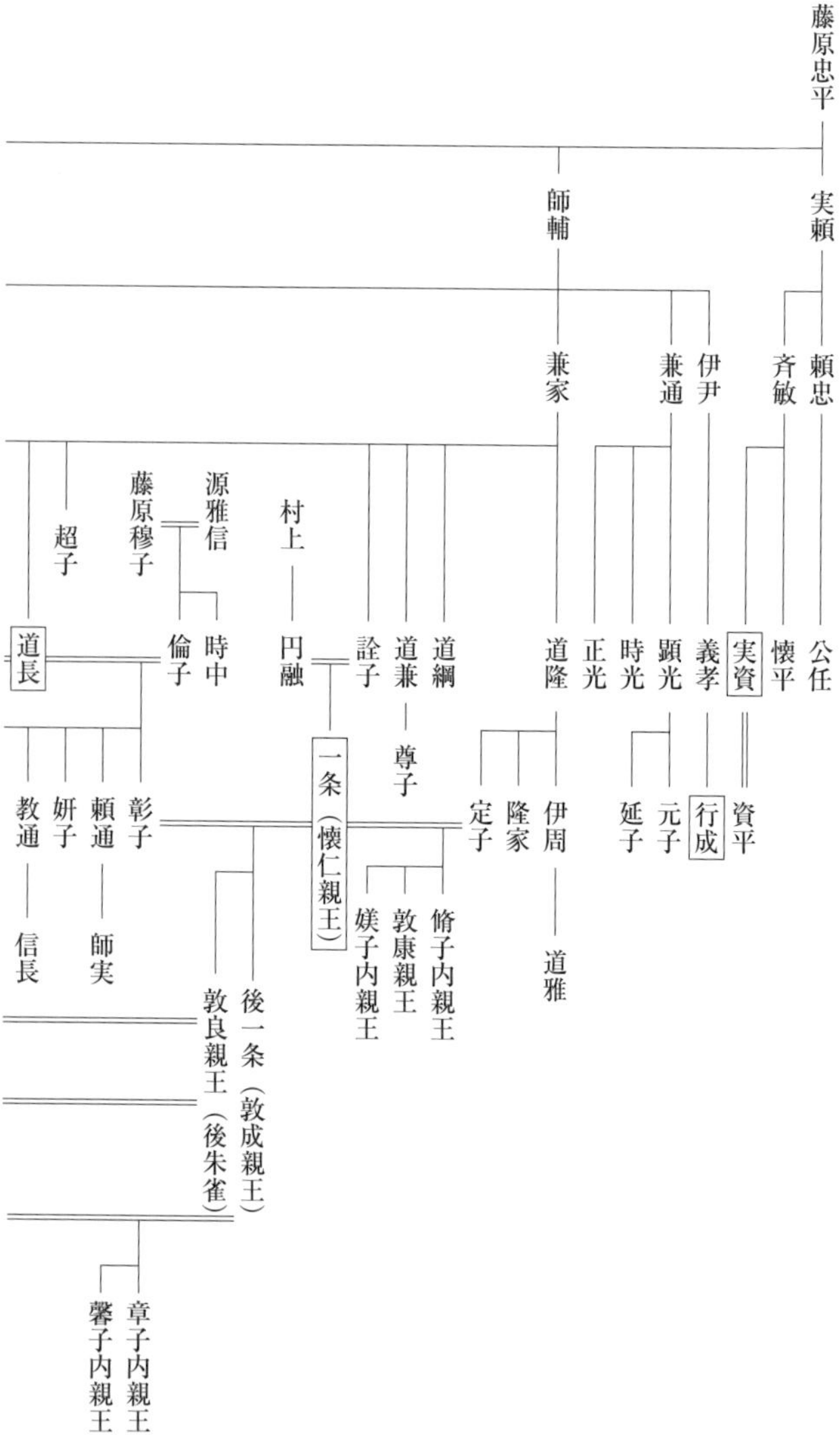
藤原忠平
実頼
師輔
頼忠
斉敏
伊尹
兼通
兼家
公任
懐平
実資
義孝
顕光
時光
正光
道隆
道綱
道兼
詮子
村上
円融
源雅信
時中
藤原穆子
倫子
超子
道長
資平
行成
元子
延子
伊周
隆家
定子
尊子
一条（懐仁親王）
脩子内親王
敦康親王
媄子内親王
道雅
彰子
頼通
妍子
教通
師実
信長
後一条（敦成親王）
敦良親王（後朱雀）
章子内親王
馨子内親王

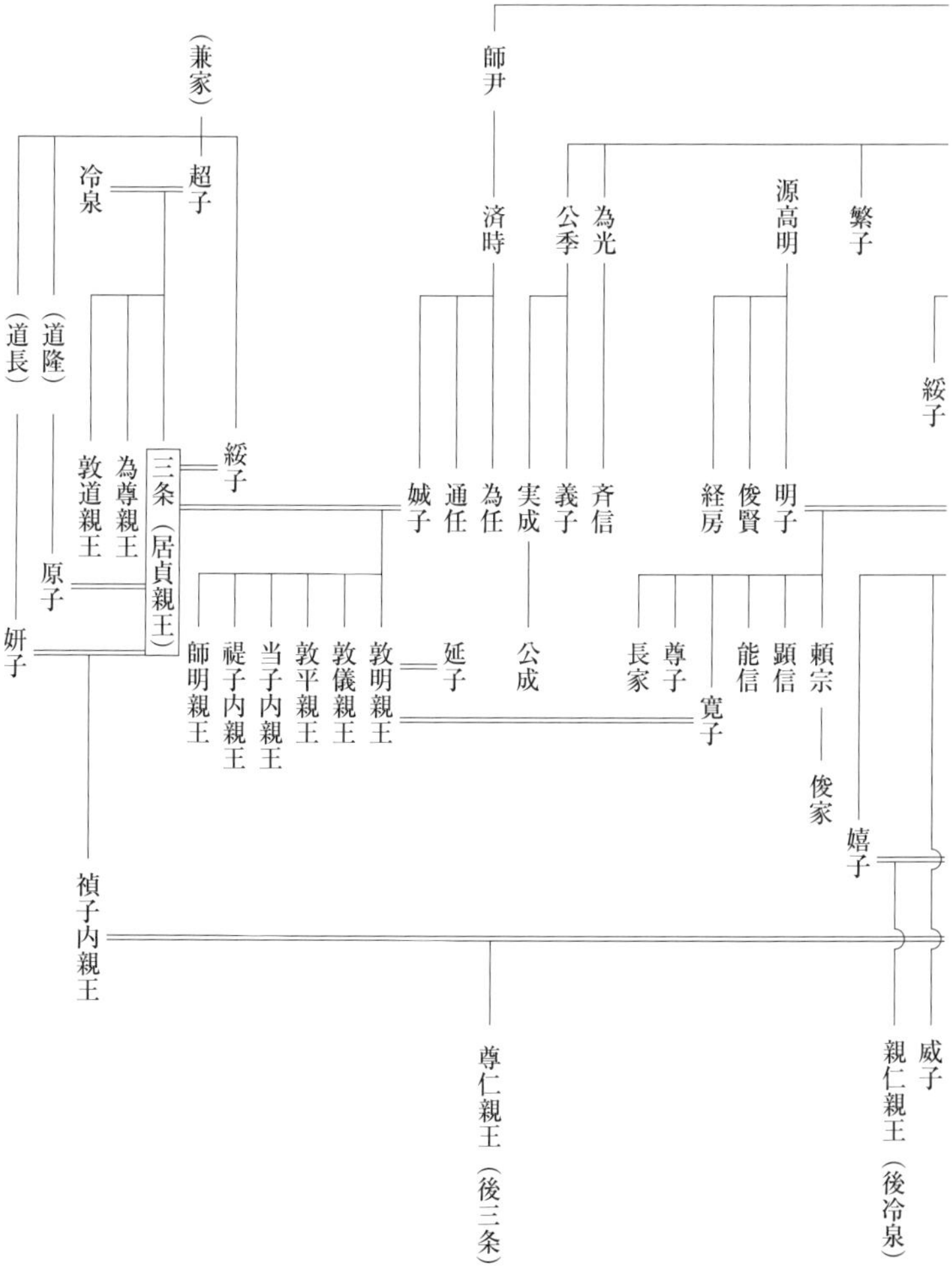

師尹
済時
公季
為光
源高明
繁子
綏子
娍子
通任
為任
実成
義子
斉信
経房
俊賢
明子
延子
公成
長家
尊子
寛子
能信
顕信
頼宗
俊家
嬉子
威子
親仁親王（後冷泉）
尊仁親王（後三条）
（兼家）
冷泉
超子
（道隆）
（道長）
敦道親王
為尊親王
三条（居貞親王）
綏子
原子
娍子
師明親王
禔子内親王
当子内親王
敦平親王
敦儀親王
敦明親王
禎子内親王

方位・時刻

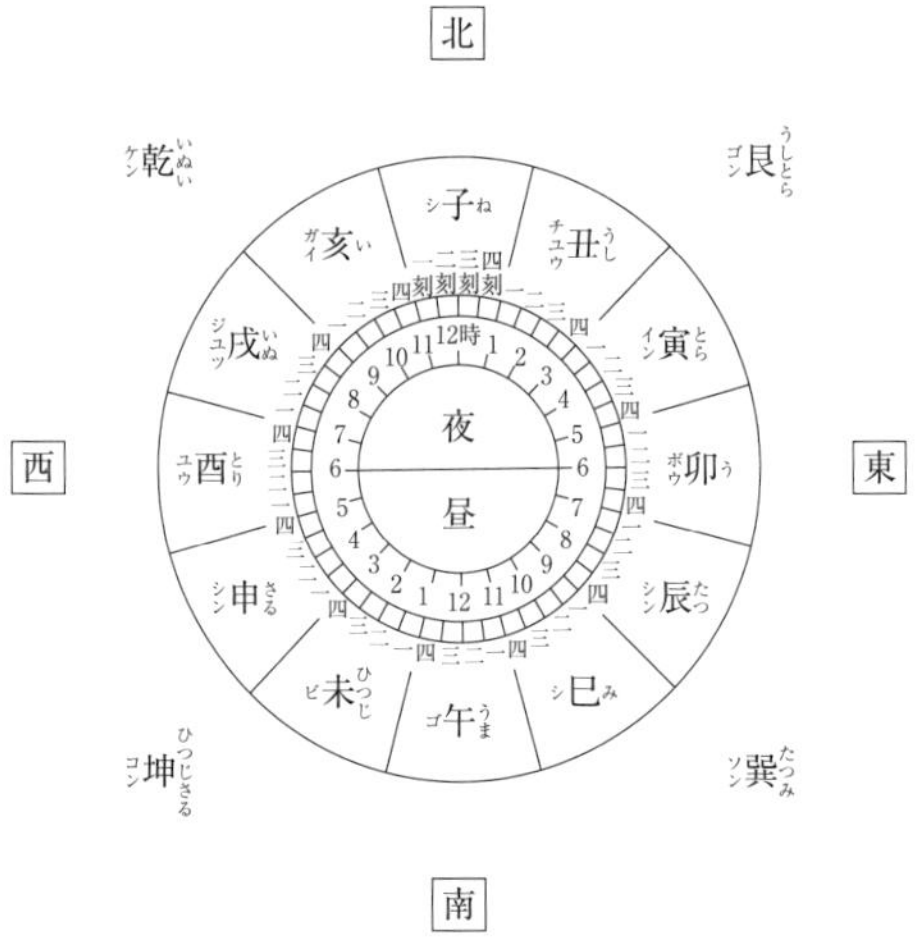
北
東
南
西
乾《いぬい》
艮《うしとら》
巽《たつみ》
坤《ひつじさる》
子《ね》
丑《うし》
寅《とら》
卯《う》
辰《たつ》
巳《み》
午《うま》
未《ひつじ》
申《さる》
酉《とり》
戌《いぬ》
亥《い》
一刻
二刻
三刻
四刻
12時
夜
昼

中央官制

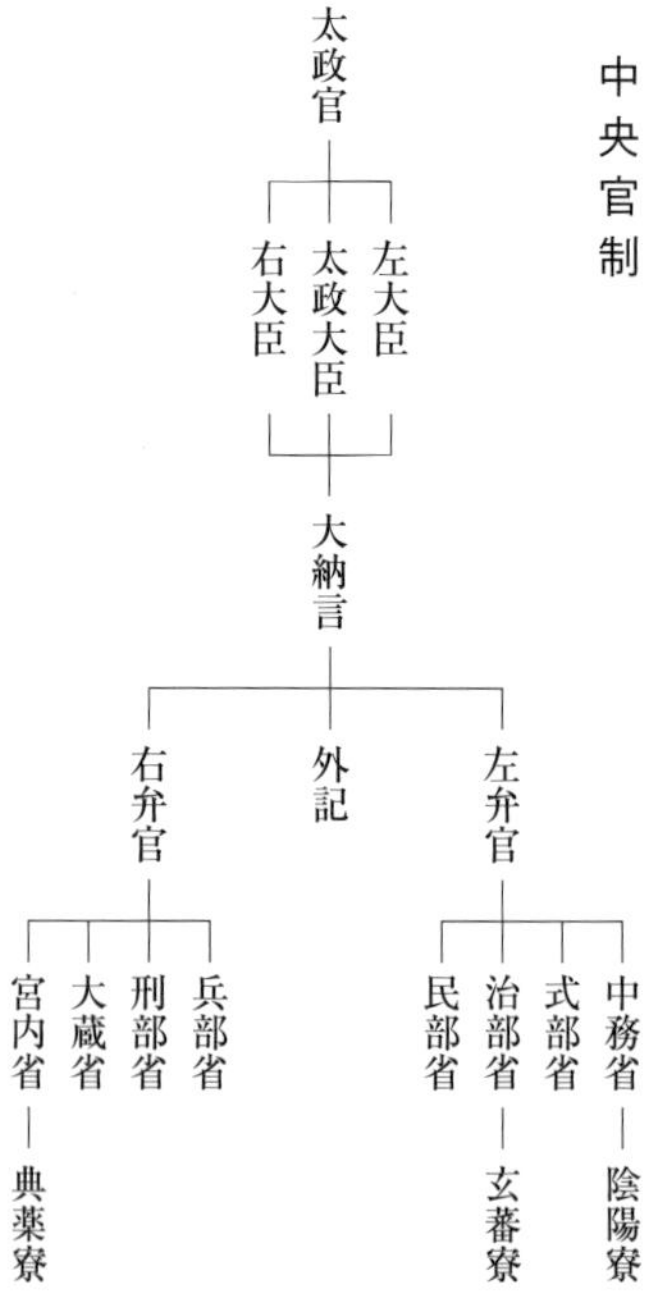
太政官
左大臣
太政大臣
右大臣
大納言
左弁官
外記
右弁官
中務省
式部省
治部省
民部省
兵部省
刑部省
大蔵省
宮内省
陰陽寮
玄蕃寮
典薬寮

あとがき

今回、王朝時代の実像シリーズの一つに加えていただける機会をいただきました。

倉本一宏先生には、学生時代から、古記録すら読んだことのない私を一から指導してくださり、今日に至るまで、ひとかたならぬお力添えをいただき、なんと御礼を申し上げてよいか、言葉が見つかりません。

大学・大学院時代には、東隆眞先生、菅原昭英先生、安藤嘉則先生をはじめ諸先生方に、多くの御指導・御教授をいただきました。改めて心より感謝申し上げます。

本書の刊行を一番喜んでいるのは、今は亡き両親だと思います。多読家で歴史好きだった父には幼少時代、博物館や史跡めぐりに沢山連れていってもらいました。そして社会人になってから、改めて大学院に進むことを許し、群馬で支え続けてくれた母は、私の一番の理解者でした。本書を両親の墓前に捧げられることは、私にとって最大の親孝行となりました。

また、執筆に際し、家族には日々温かく支えてもらいました。娘はいつも笑顔で私の隣に座り、学校で覚えた漢字を古記録から探す遊びをしつつ、時折励ましの絵手紙を書いてくれました。本書同様、娘と過ごした時間と手紙は、一生の宝物になりました。主人は執筆中心の生活を見守ってくれました。心から感謝しています。

今回の執筆にあたり、国際日本文化研究センターの「摂関期古記録データベース」を利用させていただきました。このデータベースが構築されたことにより、膨大な史料から網羅的、かつ正確な検索を容易に行なうことが可能となりました。

従前は『源氏物語』のような文学で推測していた平安時代の様子を、確実で信頼のおける古記録を使って考えてみたいとは思っていましたが、古記録は難解で、一部の専門家だけが使用することができるものと諦めていました。しかし、データベースと現代語訳によって、私のような素人にも考えることができるようになりました。このような学術コンテンツの普及に携わる関係者の皆さまのご尽力に敬意を表すとともに心より感謝申し上げます。

最後に、臨川書店編集部の西之原一貴様には、細部にわたりご協力・御助言をいただき、深謝申し上げます。

二〇二一年十月

瀬戸　まゆみ

瀬戸まゆみ（せと　まゆみ）

一九七四年　群馬県生まれ
駒沢女子大学人文学部日本文化学科卒業
駒沢女子大学大学院人文科学研究科仏教文化専攻修士課程修了
群馬県藤岡市教育委員会文化財保護課嘱託職員を経て
現在、埼玉県内の大学図書館に勤務
国際日本文化研究センター研究補助員

王朝時代の実像 3

病悩と治療
王朝貴族の実相

二〇二二年一月三十一日　初版発行

著者　瀬戸まゆみ
発行者　片岡敦
印刷・製本　亜細亜印刷株式会社

発行所　606-8204 京都市左京区田中下柳町八番地
株式会社 臨川書店
電話（〇七五）七二一―七一一一
郵便振替　〇一〇七〇―二―八〇〇

落丁本・乱丁本はお取替えいたします
定価はカバーに表示してあります

ISBN 978-4-653-04703-2　C0321

〔ISBN 978-4-653-04700-1　C0321　セット〕